副業占い師ブギ

普通のわたしが普通でいられなくなった日

もくじ

コラム

はじめに

あなたは「普通の人」ですか。
今、「普通に生活」していますか。
これからも、「普通に生きて」いきますか?
ところで、「普通」って何でしょうか。

わたしは、占い師です。占い師は、普通の職業ではないと考える方も多いでしょう。普通の子どもは、大人になったら占い師になろうと思ったりしないし、普通の学生は、占い師になる進路なんて考えたりしないし、普通の社会人は、占い師に転職しようなどと思ったりしない、と。

わたし自身は子どもの頃から、なんとなく自分が普通ではないと感じていました。特別な能力があったわけではなく、むしろ逆で、みんなにできることができず、集団生活になじめず学校も辞めてしまいました。こんな自分に生きている意味があるのか、必要ないのではと考えたこともありました。そんなわたしに、これもひとつの個性であり、どんな個性にもそれぞれ意味があるのだと教えてくれたのが「占い」だったのです。奥深い占いの世界に魅せられて、一生の仕事にしたいと思いました。

占い師は資格不要、年齢性別も関係なく、わたしのように学歴のない人間でもなれる仕事です。占いを真剣に学ぶ気持ちがあるならば、学校に行けずに引きこもっている人でも、定職についていない人でも、社会の「普通」というレールから外れてしまった人でも、占い師になることができます。そういう職業なのです。普通の社会人になれなかったわたしも、占い師になりました。20数年前のことです。

今、時代が変わってきていると感じます。普通の生き方……みんなと同じように学校に行って、正社員として就職し、適齢期に結婚し家族を持つことが、決して当たり前ではなくなってきています。かつては普通だったことが変わりつつあるという背景は、近年、占い師になりたい人が急激に増えていることと無関係とは思えません。終身雇用制もゆらいでいる今、副業をする人も増えています。占いは、副業にも向いています。朝でも夜中でも好きな時間に、ネットがあれば自宅で、自分のペースで仕事をすることができます。

「占いって稼げるの?」

と聞かれることがあります。占いという仕事に興味を持つ人が増えてきているのです。決して楽して稼げる仕事ではなく、華やかな仕事でもありませんが、真面目に取り組めば、人に感謝されて、やりがいを感じられる仕事です。いたずらに興味本位で取り上げられるのは、本位ではありません。

今回、副業占い師を取り上げたのは、みなさんの身近に占い師がいることを知って欲しかったからです。看護師や美容師やＯＬなど、さまざまな職業を持つ人たちが、副業で占い師をしています。あなたの友人知人にも、副業占い師がいるかもしれません。あなたの家族や、あなた自身も、いつか副業占い師になろうと考える日が来るかもしれません。

本書は、本業を持ちながら、副業で占いをする実在の18人に、どうして占いを仕事にしたのか、どんなふうに占いをしているのか、そして自分の人生について、思いつくまま語ってもらったインタビュー集です。普通のレールから外れた「占い師」という職業を選んだ人たちの言葉は、多くの人の心に響くのではないでしょうか。それぞれに個性的な人生に、それぞれに意味があり、価値があるのだと思ってもらえたら、本望です。

普通でいなければならないと思っている人に。
普通でいることに、生きにくさを感じている人に。
普通からはみ出しそうな人に。
占い師になるという選択肢が普通になったら、いろんな人が生きやすい時代になると思うのです。

占いに魅了され、ときに占いに振り回され、副業占い師という道を選んだ18人の生の声をお届けします。

２０１９年　秋、霧のような雨が降る日に

高橋桐矢

2019年、夏
18人の副業占い師にインタビュー
場所、都内某喫茶店など（一部電話）
インタビュアー　占い師・高橋桐矢

Thank you so much.

絵：不吉霊二

シェフ占い師
OPEN
CORN

「失敗も、成功するまで続けていれば失敗ではなく成功になる」思い込み、納得するまで延々とやっています

シェフ占い師 ―西麻布《にしあざぶ》カルタ

東京都生まれ。1989 年から料理の世界に飛び込む。様々なジャンルの飲食店で修業を重ね、店長、料理長を歴任する。友人の繋がりで出会った占い師に「あなたは占い師に向いている」と言われたことがきっかけで占いに興味を持ち、学びはじめる。「女性が気軽に訪れることができ、心の重荷を少しでも下ろせるような場を作ろう」と、バー「CARTA(s)」をオープンさせる。

占術

タロット、ルノルマンカード、ジオマンシーなど

好きな時間

釣りをしているとき　バイク、ダウンヒルマウンテンバイクに乗っているとき

好きな言葉

シツコイ必要は無くて、
しぶとく生き残ることができればOK

ダイニングバー「CARTA(s)」 Twitter @full_decktarots
［住所］東京都港区西麻布 2-24-1［TEL］03-6427-9397
［営業時間］平日 18 時半～ 25 時半位 日曜日 日中 14 時～ 17 時 夜 23 時位

精神的に具合が悪くなった人をどうやって治すのか

「小学生の頃はドクターになりたかった。精神科の医者になりたかったんです。言い方悪いかもしれないですけど、精神的に具合が悪くなった人を、どうやって治すのかっていうことに興味があって」

―身近に、いろいろな人がいたことが影響している

「本当にいたんですよ。日本刀振り回して警察につかまってるおっさんとか。子供心に、絶対おかしいと思うんだけど、それをどうやって治すんだろうって。今だったら何かの病名が付いているような人たち。でもそういう人にも、やたらと足が速かったり、サッカーでもロングボールが得意だったりとか、なんかすごいところがあるんですよ」

―彼らと自分がどう違うのか知りたかったのかもしれない

「でも医者はムリだなって。中学ではもう、料理やろうって思ってました。食べるの大好きだったんで、作る側に回ってやろうと。中学を出てすぐ板前になりました」

飲食を続けることができた理由

「最初が板前で、それからフレンチ、イタリアン、ベルギー料理、スペイン料理、焼き肉屋、そば屋、ジンギスカン屋、ダイニングバー、いろんなことをやりましたね。なんでもやったというか、やらされたというか。おせち料理とかウエディングケーキも作りましたね。何日も泊まり込みだったり。でもまあよく怒られましたよね。厳しかったです」

—けれど飲食業を辞めようとは思わなかった

「やっぱ学歴がないのでどうしようもないっていうのがあったのと、特にやりたいことがないっていうのと。あとは逆に、心から飲食を好きではなかったから続いたのかなと。本当に好きなことは仕事にしないタイプの人なんですね。たとえば、車とかオートバイとか釣りとか、好きなことはたくさんあるんですけど、お金の勘定が絡んでくると、めんどくさくなっちゃって。料理は嫌いじゃないけれど、そこまで好きじゃないから」

—釣りは好きだが、漁師になるのは違う

「だから、料理を続けてこられたのかも、っていうのがありますね。占いをはじめた動機も不純ですよね。現金直結っていう（笑）」

そもそも、占いは信じていなかった

「昔、占い好きの先輩が、勝手にみてくれちゃったことがあったんですけど、まあーとにかく当たらない！　少しも、当たらない。だから全然占いは信じてなかったんです。でも、知り合いが占い師をしてて、その人はそもそも話が面白い人で。好奇心で『飲食店以外に何か向いていることありますか』って聞いたら『占い師に向いてる』って言われて、『やる？』ってなって、はじめたんですよね」

―まだ半信半疑、面白半分だった

「アマゾンでタロットカードを買って（笑）。ちょうど派遣で行っていた飲食店の契約が切れるタイミングだったんで、『おれは無職になる』って言って（笑）。その頃のノートがあるんですけど、本も読まずに、1枚1枚カード見ながらその印象をだーっと書いてたんですよ。カード見ただけでよくこれだけ書いたなって」

―活字が苦手で、本は読まなかった

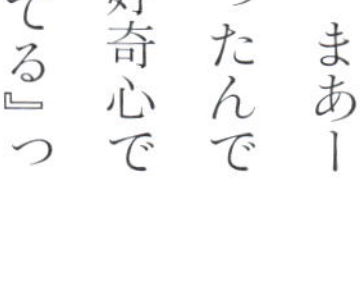

「今は店にも占いの本がいっぱいあるんですけど、基本的には現物を見てって感じです。やっぱりカードって昔からあるものじゃないですか。今でも地球上では読み書きできない人のほうが多いと思うんですよ。だからタロットだって、見て分かるように作ってあんだろうなって。あえて最初の頃は、情報を入れないようにしてましたね。当時は仕事辞めて一日中、朝から夜中までタロットをじーっとながめてました。うちの母親が『あんたいいかげんにしなさい！』って。なんかにとりつかれたんじゃないかって思ったって言ってましたね（笑）」

―昔から占いやオカルトが好きだったわけではない

「昔から好きだったこと、やってることは16歳からずっと変わらないですね。料理と釣りとバイクと車と。あとは、何か作ったりとか。ピラミッドの建物の構造とか、材質には興味がありました。中にレバノン杉とか使われてるんですよね」

女子高生最強説

―タロットカードの勉強をはじめて1ヶ月後、師匠のOKが出た

「オッケー！　占いはじめようかって、いきなり（笑）。無料占いとか一切やったこ

となないんです。最初からお金もらってました。お金でなくて現物のときもありましたよ。たとえばそこの自販機でコーヒー買ってきてとか。もらっても500円くらいとか」

—ひたすら占っていたという

「ひまなんですよ。無職だから。ありあまる時間をどうするのって、占うでしょって。自転車に乗りがてら、公園とか行って。午前中は、じいさんばあさんしかいない。『あたしなんてもう先行きないから』って言うから、『おばあちゃん、そんなこと言ってないで、その先行き短いところをどう楽しむかが重要なんじゃない』って占って。昼過ぎて午後になると学校帰りの高校生とかが通るわけですよ。カード広げて練習してると絶対、寄ってくるんですよ。『え〜それ占ってくれるのお』って。しかも制服で。即通報（笑）。即ですよ。あやしいじゃないですか。ピクニックテーブルにカードならべて、おっさんと女子高生3人くらいが一緒にいたら。でも、女子高生がかばってくれるんですよね。『あやしいことなんかしてませんよお』って。『おまわりさんもみてもらえばあ』、『おまわりさんもストレス溜まってんじゃない』って（笑）。『いやマズいから』って言うと、『何がマズいのお』って（笑）」

—おまわりさんも引き下がるしかない

「今も公園でやったりするんですよ。アウトドアが好きなので。師匠も、カードひとつ持っていれば、どこ行ってもできるから、『あんた向きなんじゃないの』と。占いって世界に通じるコミュニケーションツールですよね。師匠の息子が世界をふらふらするっていうから、『カード持って行けば』って伝えたら『あそっか、いいかも、それで路上で1ドルでも2ドルでも稼げればいいよね』って。それで実際に、やったって言ってた」

――占いの修行をはじめて半年ほど経った頃、転機がやってきた

何もかも占いで決断

「この店はもともと、20年来の知り合いがやっていて、自分はお客だったんですよ。それが移転するってなって『誰かやる人いない？』って。『じゃあわたしのほうでも探してみますよ』って言ったんですよ。でも駅から遠いから見つからなくて、じゃあってはじめちゃった。受け渡しの期日まで数日しかない中、占いで決めちゃったんです。『西麻布占いタロットバーCARTA(s)カルタ』っていう名前から、オープン日から、登記の日から、なにもかも占いで決めました」

—勢いではじめてしまったから、地獄を見た

「オープンは10月だったので、知り合いやらなんやら来てくれました。そのうちに年末になって。地獄は、年明けてから。もう地獄ですよ。誰も来ない。兄は経営者なんで、兄の会社でアルバイトさせてもらったりしました。それでも辞めようとは思わなかったですね。3年は辞める気はなかったですね。毎日ツイッターに占いをアップして。ＳＮＳをはじめて2年くらいは無反応でしたね。それからたまーに、見て来ましたって人が週に１人か２人来るようになって。占いのお客さんに『占い師なのに料理もできるの?』って言われたこともあります（笑）。パーティ料理でもスイーツでも何でも作ります」

—どんなことでも、1万時間続けられたら、その道のプロになれるという説がある

「この間計算したら、これまで毎日毎日年間３０００人近く占ってきたので、1万回以上占ってたんですね。もう生活の一部ですね。3周年にはたくさんのお客さんや友人、占い師がお祝いに来てくれました」

副業占い師が増えている理由

「占い師　有名人」
「占い師　なるには」
「占い師に向いている人」
「占い師になる　素質」
「占い師　学校」

これは、Google検索で「占い師」と入力して自動的に出てきた、検索上位の関連ワードです。

有名人以外はすべて、自分が占い師になる方法です。

今は、検索して「占い師」を探すより、自分が「占い師になる方法」を検索する時代なのです。

検索するだけで、占い師になるための情報が手に入り、ネットで専門の占い道具も購入できます。占い好きな人が「プロになれるかも」と思うのも自然なことです。

占い師には何の資格も免許もいりません。

売るのは「言葉」ですから、開業資金や運転資金もいりません。アフターファイブや週末にバイト感覚でできます。

本名も顔出しもせずに、ネットでメール鑑定をすることもできます。

はじめる際のハードルが限りなく低いことが、副業占い師が多い一番目の理由です。

けれど、はじめるのは簡単でも、占いを専業にする……これ一本で食べていけるようになるのは、簡単ではありません。

占い師は皆、フリーランスであり個人事業主です。占い館に所属していても、決まった曜日や日時に出演しているだけで、占い館の社員ではないのです。いつどのくらい仕事をするかは、自分次第であり、お客様次第でもあります。

地道に続ければ、平均的年収を得ることも可能ですが、そこまで頑張れない人も多いのです。

すべてのフリーランス、個人事業主に共通することですが、売上げは不安定で、売れるためには営業もしなければなりません。

簡単に副業としてはじめてみたものの、専業にするほどの収入を得られず、副業のまま続けている人がいる……それが副業占い師が多い、もうひとつの理由です。

でもそんな中、さまざまな理由から、あえて、副業占い師であることを選んで続けている人もいます。本書ではそんな副業占い師の方々をご紹介しています。

モデル占い師

毎日総じて自分に目を向けています

モデル占い師 ——— 諸《もろ》さやか

京都府出身。教職や演劇などのアルバイトを転々としている最中、魔術系の本を読んで過ごし、ある日「魔女になろう」と決意。後日占い師募集の記事を見つけ、応募後採用される。現在はモデル、役者として活躍するかたわら占いに従事。主な出演に南座ミステリー劇場「疑惑」、秘密のケンミンショー再現ドラマ、雑誌 leaf サントリースチールモデルなど。

占術

タロット、西洋占星術、姓名判断、数秘術など

好きな時間

朝寝ているとき　起きなくてもいい幸せ

好きな言葉

テキトー・自由
「命かけるなわずかな金儲けに」

固い厳しい家庭で育ち、はみだしまくっていた高校教師時代

「両親とも先生でした。テレビの制限とか、ゲームの制限とか、勉強しろ！　みたいな、レールは敷かれていたと思います。日本語教師になろうと思って大学に行きました。本を読んだり小説を書いたりするのが好きで、今も書いてはいるんですけど、なぜだか、夢が叶うと思っていなくて。10代20代の頃のほうが、人生に絶望してました。夢は叶わない。現実が待ってるからって」

—大学を卒業して力尽きた

「それでドロップアウトした感じですね。『就職試験受けなきゃいけないの？　受験は終わったのにまた試験？』と思ってしまって。その段階ではまだ自我が目覚めてなくて、自分を表現する媒体を探してたんですね。タレント養成所に入ったのと、友達に占いを教えてもらったのと同時期くらいかな。好奇心で。あまり考えず」

—刹那的に生きていた

「大学出てしばらくは、ふらふらしてたんですよ。そのとき、大阪府の教員が足りて

なくて、どうしても国語の先生がいないってときに母親に『あんたヒマだろ』って言われて。東大阪のやんちゃな高校で。教師らしからぬ問題発言も多くて、わたしの挙動はおかしかったみたいです」

―当時、夜にバイトをしていた

「授業中はめっちゃすっぴんでジャージ。授業終わってから化粧して髪巻いてワンピース着て『さいなら』って帰るんですけど。その姿を見た生徒に『先生デート!?』って聞かれて、校門前に同伴が待ってるし、バイトって正直に言ってしまって。『先生バイトしてんの!?』って、知れ渡るんですね」

―保護者からクレームが入り、バイトと言わないようにと教頭に注意される

「また髪を巻いて、ワンピース着て行く用意してたら『先生バイト行くの?』と聞かれたから、デートって。そしたら『先生デートやって!』保護者からも『おたくの先生はデートしてるんですか!』言われて。それで教頭先生に呼ばれて、『デートって言わんでください』。バイトもデートも、どっちもあかん（笑）」

―結局2年で辞めた

「わたしが教師をやっていたときは、母親の機嫌がすごくよかったんです。『はっはっは！　残念だったな！　母さん』って感じ！　考えれば分かるんですけど。学校とい

う組織に向かないので。両親に言われたからって、学校の先生になっちゃいけなかったんですよね」

ファンタジーの世界でワンチャン！

「次、何やろうか、占い館で求人探そうと思って、占い師について調べはじめたときに、魔女として活動している占い師がいることを知って、本当に魔女になれたらステキだなって思ったんですよね」

―起死回生のチャンスと思った

「ファンタジーの世界でワンチャン生きていけるんじゃ、みたいな。それでお金稼げるんだったら逃避じゃないし。わたし魔女になるって言いはじめたら、母親に『何言うとんねん』と。母親にヘンな顔させるのが快感でもあります」

―タロットカードを学び、占い館に勤めてみると、とても自分に合っていた

「ブースでひとりっていう環境が実に、わたしに合ってたというか。ヒマなので、YouTube見たり、ゲームしたり、小説書いたり。お客さんの相手もマンツーマンだし、ひとりで好きなことができる占い師の環境っていうのがよかったんですね。学校

はやっぱり組織なので、ワンオペで40人の相手をしなきゃいけない。ひとりじゃ決められないし、学年主任とすり合わせしなきゃならない。あーめんどくさ、って」

モデルスクールで綺麗になった

「演劇は集団だから、やっぱり困難はありましたね。コミュ障なところがあるし、行く先行く先で、パワハラやイジメに遭って。劇団にはすごく恐い先輩もいたし、ネチネチした演出家もいたし。厳しいけど面白い人もいました。『おまえもっと、ベッピンになれ』って言う演出家とか。どんなダメ出しや、って（笑）」

—そのあと通ったモデルスクールが自信を取り戻させてくれた

「ちょっと自己啓発じみたところで、褒め上手。お綺麗ですねって言われたら、そんなことないですって言わずに、ありがとうって言えって教えるんです。今は、『そうでしょう、そうでしょう』って言います。根底から、わたしは美しいと思ってるわけじゃなくて、ネタとして」

—モデルになったメリットは大きい

「はい、綺麗になりました（笑）。メイクも服も。人体実験して見つけていくんですよ。

パーソナルカラー診断とか、骨格診断とか、ああいうのを受けたり、メイクを習ったり。似合う髪型になるまでいろいろ試したり。女性は綺麗になったら経済効果がつく気がします。タクシーで送ってもらえたり、おごってもらえたり。実際に占い館にも、占いしないで、わたしに会いに来て、ただしゃべって帰るお客さんもいるんです」

—見た目は変わっても、中身は教員時代と変わらず、素朴でまっすぐ、正直なままだ

「わたしの『しゃべりと性格がいい』と言ってくれる人や、『外見だけやないで』という人もいます」

—年齢を重ねていくことに不安はない

「関西で一番仕事が取れるモデルって、50代なんです。30代は主婦をしているので、少ないんですよね。オーディションに行くと、わたしだけ浮いて若いんです。狭き門というか。厳しい業界ですけど」

—インフォマーシャルという、食品や化粧品などの広告モデルだ

占い師なら浮いていてもいい

「モデル仲間も占いをしていること知ってます。あとは、友達がちょいちょい占いを

頼んでくれたりとかして、当たるって言ってくれます。タロットと※西洋占星術と※数秘術と字画も見ます。占いはじめて10年になるので。わたしも力量ついてきてんのかって思いました。あとは占いだけでなく、催眠術とかディープなところに手を出してますね。変性意識とか」

―占いはコミュニケーションにも役立つ

「興味持ってくれますね。わたしはコミュ障なんですけど、占いが会話のきっかけになります。大勢いたら、わたしはたいがい、浮くので。でも占いをしてたら、そこから話せるんです。占い館で知り合った友達とか、人脈とか、わたし友達にはすごい恵まれてます。役者としての活動も細々続けています」

―今が幸せだという

「いろいろあるけど、今がいい感じ（笑）。収入は少ないけど、普通の人がいる社会から少し離れて、それこそ魔女みたいな不思議な生き方でもあるんですよね。集団でいなくてもいいんだなっていう感じ。わたしにとって占いはセーフティネットだし、ほんま、占いって身を助ける芸のひとつと思います」

※西洋占星術……生年月日から詳細な図【ホロスコープ】を作成して占う。
○座生まれというのは西洋占星術を簡略化したもの
※数秘術……誕生日や名前を数字に変換して占う

占い師になって、世間の外側を知った

「占いをやってみて、世間の外側が分かったんですよね。外側を知ったら、もうひとまわり広くなって、外側の外側がさらにあって。お客さんには裏社会の人もいて、いろんな人がそれぞれに生きてる。わたしが大人になりたかったのは、こういう自由を得たかったからなんですけど、親の許可なしに自分で勝手にやったらよかったのに、プライドとか恐れとか、こだわりみたいなのがあって。母親に対する依存とか、愛情もあったのかな。変に気を遣ってしまって。あとはやっぱり価値感が、いい大学に入ることがいいと固定されていたので、勉強ができないといけないみたいな感じでした。今思ったら、いらんかったなって」

――母親も、もううるさく言わなくなった

「大学出てタレント養成所に入ったあたりはすごい怒られてたんですけど、今はもう全然。わたしが世間に出ることで母も世間を知ったんだと思います。『好きにしぃ』って言ってくれてます。母こそ学校出てすぐ先生になって、世間知らずなんですよ。わたしがこんなになって、いろんな世界があるってことを母親も知ったんじゃないかな」

占い師は最古の職業

太古の昔、類人猿と共通の祖先から進化した人類は、現代の類人猿のように木の実や昆虫を食べて生活していました。食べるモノは自分で調達する。これが基本です。そんな中、特殊な技能を持つ者が、その技能と引き換えに食べ物を得るようになったのが職業の発祥でしょう。

古代の占い師……シャーマンや呪術師は、未来を見通す目とひきかえに、食べ物を得ていました。悩みや問題を解決するのが占い師の役割です。いつの時代にも、悩みを持つ人たちがいて、占い師が必要とされてきました。

もちろん、悩み苦しみから救ってくれるのは、占いでなくてもいいのです。

かつての占い師や呪術師、シャーマンは、現代で言うところの、医者や産婆、宗教家を兼ねていました。けれど現代では、それらは、それぞれの専門家が対応してくれます。民事トラブルなら弁護士や行政書士、お金の問題ならファイナンシャルプランナー、福祉の問題は福祉相談員など、さまざまな悩みや問題に対応してくれる専門家がいます。かつて何でも屋だった占い師の役割は、より先鋭化されてきたとも言えるでしょう。

ではほかの相談業や専門家と違う、占い師ならではの専門性とは何でしょうか。

ひとつには、占いは、「未来」を扱う仕事だということ。お天気予報や経済予測は商売になっていますが、まだまだ未来予測は商業的には未知の分野でしょう。占いは未来を予測する、希有なツールなのです。

そして、もうひとつ、占いには、価値観の枠を外すという大事な役割があります。特に固定的な価値観がゆらいでいる、今この時代に、論理も経験も常識も飛び越えて、新しい枠組みを見せてくれる、それが占いなのです。もちろん、それを扱う占い師は、必要十分な常識と経験と論理を持っていなければなりません。

これまでも、これからもずっと、占いという仕事はあり続けるはずです。

ガテン系占い師

まともに生きられない。生きていること自体が挫折でした

ガテン系占い師 ── **愛海《あみ》**

子どもの頃から周りの大人を占っていた。その後さまざまな職業を経て、現在はシングルマザーとして子を育てながら働いている。占いの鑑定歴は20年以上で、物事や悩みの根底を見抜くことに長ける。悩みの根底から矯正する鑑定手法で、望む方向へと導く占い師。2018年【第一回LINEトーク占い】にて、占い師総選挙第2位を獲得。

占術

タロット、霊感、霊視、霊聴、守護霊対話、
スピリチュアル、サイキック、カウンセリング

好きな時間

愛娘と愛犬とだらだらしているとき
ひとりで近所に飲みに行くこと

好きな言葉

無いものは創れ／逆境を愉しめ

公式サイト── https://www.coral-color.com
Twitter ──── @ami_love_sea

女が強い家に育った

「『マイバースデイ』※（実業之日本社）やおまじないとかの世代で、気づいたら、タロットカードをやっていたんです。中学生のときには、占って欲しいっていう人が来るようになって。でも、あたし的にはちょっと……複雑な家庭だったので」

―家業は工業系の仲介会社で、祖父が創業者だった

「うちはずっと女系で、あたしは父に会ったことがないんです。おじいちゃん子でした。祖父は社長なので重役出勤で、幼稚園の送り迎えをしてくれていて、そのときいろいろ教えてくれたんです。天気の見方、空の見方。お日様がこのくらいになったら帰りなさいとか、こんな風が吹いたら天気が変わるとか。天気が分かるから、基本的に傘は持ち歩かなくていいんですよ（笑）」

―神様は自分の中にいると祖父が教えてくれていた

「朝起きたら、神棚に一番に水をあげて、榊を取り替えて、今でもしていますね。習慣で。祖父は庭をすごく愛していて。花はほとんどないですね。針葉樹ばっかり。松も黒松じゃないとダメだとか。女松は入れちゃダメ。男松じゃないと。玄関には紅梅

※マイバースデイ……８０年代に一世風靡した少女向け占い雑誌

があって、鬼門には山椒を植えて。実のなるものは梅以外は植えない……ある程度大きくなってから調べてみると、風水なんですよ。10歳くらいのとき祖父が亡くなって、家中が祖父を信じて頼っていたから、家族がすごく揺れるんですね」

―辛かったのは、親戚に異常者扱いされたことだ

「いつもぼーっとしているし、ちょっと変わっているから、この子ちょっとおかしいって。占い師に勝手にみてもらって、呪われてるとか、狐が憑いているとか。あたしはそれがずっと嫌で、でもまだ子どもだったので分かってもらえなくて。そういうことが節目節目にあったので、スピリチュアルは嫌いなんです」

流しの占い師で食いつなぐ

―短大を出たが、就職氷河期真っ最中だった

「就職できずにプーになって。やることもないから、飲み歩きばっかりですよ。お金もないのに。だからどうするかっていうと、タロットカードを持っていくと、みんな来るんですよ。流しの占い師です。それで食いつないでたんです。ごはんも食べさせてもらえて。必ず行く先々で占ってと言われてました。東京の友達からいきなり電話

がかかってきて、競馬で予想立てるから数字を教えてって言われて、それが大当たり。そのあと段ボール箱いっぱいの食料を送ってくれたこともありましたね。お供えみたいな感じでいただいていました」

―文字通り、カードひとつ、占いの技術ひとつで食いつなぐ

「みえるってわけじゃないんですけど、なんとなく分かるんですよね。そのあと結婚して子どもを産むんですけど。この人と結婚するんだろうなっていう人と実際に結婚して、でもその先が見えなかった。途中で離婚するんだろうなって。なんとなくですね」

―離婚はもめた。別居してから5年、訴訟してやっとだった

「子どもが身体が弱くて、幼稚園のときは、2週間に1回、ぜんそくで入院してました。実家に戻ったんですけど、ずっとアルバイト扱いでお給料も少ない状態で……けど薬代がすごく高い。薬代だけでも稼げたらというのがありました。そのとき占いのコンテンツが目にとまって、たまたま調べてみたら、ライター募集をしていたんですよね。在宅でできるからって応募したら、落ちまして。そしたら電話がかかってきて。ライターじゃなく占い師として来てくださいって、それが今の愛海《あみ》としての仕事のはじまりなんですよね」

―この頃、何かに導かれるような感覚があったという

「抑えつけていたものが出はじめたというか、なんとなく聞こえるじゃないですけど、こういうことしなさい、じゃ、次はこれをしなさいって、それに全部教えてもらっていた感じですね。みえることも認めたくないっていう気持ちは今もあるんですけど。基本的に怖がりなので。でも、蓋が外れるっていうか、そういう時期だったのかな」

ガテン系の家業では作業着ですっぴん

「仕事中は作業着に軍手をして、車も運転します。大きいものは何トンとかの単位で届けます。鬼のように働いてましたね。いろいろ言われるので」

——占い師のときは「先生」と呼ばれるが、ガテン系の職場では女は見下される

「おじさんたちに囲まれて、言われましたよ。化粧してるだけで派手、チャラチャラしてるって。もともと髪が茶色なんですよ。天然パーマで。だから髪を黒く染めて矯正パーマかけてます。普段はコンタクトなんですけどメガネにして、すっぴんで。田舎なので閉鎖的なところなんです。だから、地元では占い師だってこと言ってないんです。占いコンテンツ用の写真は顔出しが条件だったので、かつらをかぶっています。娘の七五三とか撮ってくれた近所の写真屋さんで。『あれ、どうしたんですか、ズラ

かぶって』って言われたんですけど、『ちょっと内密に』ってお願いして（笑）」

―家業の割合は少しずつ減らしている

「時代的には消えていくものではあるんですよね。パソコンもメールもあたししかできないし、いまだにファックス来ますから。少しずつ減らしつつ、いずれ閉めるようにっていう形でやってますね」

同業者＝占い師からの相談が多い

「同業者のお客が多いんです。所属したところの占い師さんが、毎日あたしのところに電話相談してきたり。面白かったのは『自分のお客が見てもらってよかったから一緒に行きたい。鑑定をみたい』って言われたことがありました。でもあたし、一切見せないので。鑑定を受けてもらえるならいいんですけど。霊的な相談もあります。家族の因縁をみてくださいとか。そういうときは、後ろの人のお話を聞いています」

―そういう力があると、みたくないものもみえてしまう

「そのたびに占いを辞めようって思います。霊視とか霊感の世界って、楽しそうとか、現実逃避とか言われるんですけど、あたしは苦痛でしかなくて。常に辞めたい。辞め

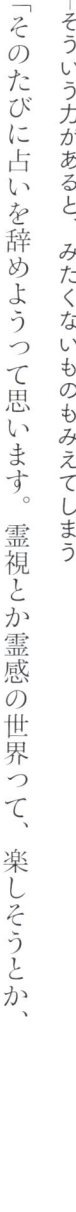

たいけど結局戻されるんですよね。ただ、すっごい顔色悪い人が、スッキリして抜けた感じで帰るのは嬉しいですね。その分こっちが具合悪くなるんですけど（笑）」

—今もいろいろなものを「受けやすい」から、防御のためにも占いを学んでいる

「ちゃんと占術を勉強すれば自分の防御にもなるので。あと道具を使うことによってフィルタを通すっていう。今、トート※にはまりまして。クロウリースプレッド※を一日一回やっています。なんとも言えない達成感があって、すごい楽しいんです。自分の未来も見ます。自分を客観視することが大事かなって。嫌な未来とかもでますけどね。見て『ああ、そんな感じかあ』って思ったり（笑）」

占いとしっかりと向き合う

「自信はないです。いつもおどおどしながらです。気づいたらこんなになっちゃった。人前で話すのも、注目されるのも苦手なので。ひとりが好きですね。カラオケとかもひとりで。あんまりつるまない。去年はあたしにとって一番の転機でした。占いの個人事業主になったので」

※トート……トートタロット。２０世紀最大の魔術師クロウリーの、魔術系タロット
※クロウリースプレッド……７８枚すべてのカードを使う非常に複雑なタロット占いの奥義

―今は占いが本業で、家業が副業

「収入面で考えると難しいんですよ。でも占いの事務所を構えてしまった以上、やらないといけないので。東京には月一くらいで鑑定に行きます。カジュアルな格好はしないです。それなりのスーツとかワンピースで、きちっとしてないと自分のスイッチが入らないので。占い師って死ぬまで現役じゃないですか。だからその基盤を作るために、あと2年、45歳までが勝負だって、なんかそう思ったんですよね。感覚で。ある程度やっておけばその後も続くであろうという漠然とした予想なんですけど」

―ずっと顔を背けてきた占いと今、しっかりと向き合っている

「逃げても結局違う形でやってくるので。自分とどう向き合うかが大事だと思うんです。トータルでいえば20年くらい占い師をやってるんですけど。流しの頃から数えれば（笑）。恵まれてるのかなって思います」

コンプレックスがあるほどいい？

占い師になるのに必要な条件をひとつあげるとしたら、「挫折体験」があること、と思います。

もちろん、成功体験や成功実績のほうが高く評価される業種のほうが多いはずです。けれど、順風満帆な人生を歩んできた人が称賛され栄光をつかむのを、唇嚙みしめて眺めていた人のほうが占い師には向いています。

占い師の仕事は、お悩みや問題解決をサポートすることです。問題が解決して晴れ晴れとした顔で帰っていただくのが占い師の喜びです。でも中には、どうやっても、どうしても解決できないことがあります。

苦しい恋。家族の因縁。持って生まれた才能や境遇。どんなに努力しても何をしても自分の思い通りにならないことが、世の中にはあります。

挫折体験を持つ占い師は、思い通りにならなかったときの、世界から拒絶されたような辛さ、苦しさ、やるせなさを知っています。心に刻まれた傷を持つ占い師の言葉は、相談者の心に届きます。

今回のインタビューでも、さまざまな挫折体験とそこからの立ち直りについてうかがうことができました。失恋、落第、受験や就職の失敗、引きこもり、離婚、失職……すべての体験が、生きてきた証です。それらを克服してきた人にこそ、占い師になってほしいと思います。

占い師は「先生」と呼ばれる職業ですが、決して上から目線で人生訓を垂れる存在ではありません。

わたしは、占い師は高いところにいて人から尊敬される存在ではなく、最底辺で「それでも生きてきたし、これからも生きていけますよ」と笑って言える存在なのだと思っています。また、相談者の悩み解決に関わることが、占い師自身の、古傷を癒やすことにもなります。

そして、今まさに挫折の最中にいる、苦しんでいる人は、占い師に相談してみることが立ち直るきっかけになるかもしれません。

占い師は、さまざまな痛みと苦しみを乗り越えてきた大先輩なのですから。

美容師占い師

愛車で浜名バイパスを
ぶっ飛ばしている時間が好きです

美容師占い師 ――― 酒《さか》井《い》しま

高校生の頃に化粧品販売の仕事に興味を持ちはじめる。進路を決めていく段階で、美容師になることを決意。2006年中日美容専門学校卒業。美容師歴14年。22歳のとき、祖父の他界をきっかけに名古屋の有名占い師と出逢い、タロットを学ぶ。また、後に恩師となる人物から占い師としての心構えを叩き込まれる。現在は占いのかたわら、ときにヘアメイクのアドバイスもしている。

占術

タロット

好きな時間

寝ているとき

好きな言葉

安全なくして生産なし
信頼なくして儲けなし

現実的な理由で美容師に

「私、両親が離婚してて父方に引き取られてたんですけど、子どもの頃を振り返って、占いに役立ったことっていうと、父が図書館連れて行ってくれたことと、寝る前に読み聞かせしてくれたことが一番大きかったかなって。あと、中学高校と吹奏楽部に所属してたので、そこでの人間関係で、観察眼とか洞察力とか鍛えられたのもありましたね。楽器は中学がサックス、高校でフルートです」

—子どもの頃見たアニメにも大きな影響を受けた

「リアルタイムで『セーラームーン』、『幽遊白書』、『スラムダンク』を見てました。特に『スラムダンク』を見ていたことは、なんらかの形で活きてるって思うんです。好きなキャラは絞りきれないんですけど……強いて言えば、ミッチーの人間くさいところかな。ミッチーのバスケ部襲撃事件で『安在先生、バスケがしたいです』の後に絶妙なタイミングで『世界が終わるまでは〜♪』って曲が流れてくるところとか、最高です。キャラそれぞれに魅力があるんですよね」

—美容師になろうと決めたのは、高校2年生のとき

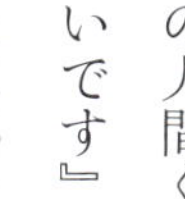

「一番の理由は、女の人って綺麗なほうが絶対得だから、って思う場面がこれまでの人生でたくさんあったから。その技術を身につけたいなと。あと人づてに、母が30歳過ぎて学校行って看護師になったって聞いたんですね。でも私は30歳過ぎて勉強したくないから、若いうちに国家資格取っておこうって。美容学校を出てすぐ美容師として就職しました」

偶然の不思議な出会いから占いの世界へ

「祖父が亡くなる3日ほど前だったんですけど、名古屋港水族館の辺りをとぼとぼ歩いていたら、急に占い師さんが『どうしたん、つらそうな顔してたから声かけた』って、占い館から出てきてくれたんです。その方が四柱推命※とタロットをやる方で、なんかあったらここにおいでって名刺をくれたんですよね。その間にいろいろあって、半年してからその方に転職のことで占ってもらったんです。最初のタロットの先生も紹介してもらいました」

―運命的な出会いから占いを学びはじめ、2017年の冬、再び運命的な出会いがあった

「ファミレスでタロットクロス※を広げていたら、ちょっと若いお兄ちゃんが『占いやっ

※四柱推命……生年月日時間を使う東洋占いの代表
※タロットクロス……タロットカードで占うときに敷く布

てるんですか』って声かけてきたんです。びっくりしたけど、これもご縁だからって占わせていただいたんです。そうしたら同僚や先輩を紹介してくれて。そのお兄ちゃんは、今は私の生命保険担当者です（笑）。自分の中で有料鑑定スタートってなったのは、そのとき声をかけてもらったからなんです」

――見えるところは美容師として、見えないところは占い師として

「違う店に変わりたいっていうのはありましたが、仕事を辞めたいと思ったことはないです。美容師としての経験を組み合わせて、自分しかできないことをしたいので。それまでハサミを置くっていうのはしないって決めてます」

――美容師業界では、辞めるときに「ハサミを置く」と言う。占い専業になるつもりはない

「専業でやっている方がいけないとは思わないんですけど、専業になっちゃうとあんまり現実的なアドバイスができないんじゃないかって。あとは私自身が二つ以上のことを並行してやるほうがどっちも上手くいくっていうのもあるので。占いも美容師も、どっちもコミュニケーションだし。どっちも人の魅力を引き出すための技術。美容師はダイレクトに外から見えるところ。見えないところを変えるには、心にダイレクトにアプローチしていく占いが有効だなって」

――職業柄やはり、人の髪が気になってしまう

「見ちゃいます。髪の生えぐせどうなっているんだろうとか。占い企画で、某タレントさんがカツラかどうか占ったこともあります。100%ズラですね、って出てしまって。大御所の占いの先生が出した結果も『非常にズレやすいズラ』って（笑）」

―髪は霊的なものを溜めやすいという

「そもそも美容師という職種自体が受けやすいっていうのもあるし。気休めですけど、お風呂に塩をまいて浸かったり、お手洗い掃除をしたりとかはしてます。占いのお客様とたまたま髪型の話になって『実は本業は美容師です』って、縮毛矯正でしくじらないコツをお伝えしたことがありました。縮毛矯正って、実は美容師の腕次第で結果が全然違うので。最初に何のお薬を使って、髪の毛のどこからどこまでつけて、何分置いてっていうのをしくじると、あと全部アウトなんですよ。最悪の場合は断毛《だんもう》になります」

―占い相談をして、縮毛矯正の極意を聞けたお客さんは得したと思ったことだろう

いい美容師、いい占い師との出会いは運命

「別な店に移っても、ずっと私を指名して来てくれるお客様がいるんです。親よりも

年上の方で、後頭部に髪のくせがあるんですけど、『持ちがいいように切ってくれるから』と言っていただいてます。あとはやっぱり、シャンプーを褒めてくださるお客様が多いです。美容師として気をつけているのは、お客様が来たとき、お客様のいいところはどこかっていうのをまず見つけること。これは占い師の仕事でも同じですね」

―いい美容師の選び方を教えてもらった

「あくまでも私の持論なんですけど。電話対応がいい加減なところはまず却下。相性の部分も大きいとは思うんですけど。自分が尊敬する美容師がみなさんおっしゃるのは、シャンプーが上手な人はいい美容師になるので、大事にしなさいって。あとはホームページとか見て、ブログや写真を見たときに直観でいいなと思ったら、外れることはないと思います」

―占い師も美容師もどちらも、ある程度は体験してみないと分からない

「カットは行きつけの人がいるからカラーだけという人も来るんです。そういう場合、自分の気に入った形にカットしてくれる人って運命の出会いだから、ぜひその美容師さんを大事にしてくださいって言います。カットもうちの店でやってくれたら、売上にはなるんですけど。そんなん、知るかって（笑）。だからこそ、お客様にも信頼してもらえると思ってますし。目先の売上だけじゃなくて、いかに長く通い続けてくれ

るかどうか。それが占いの仕事にも活きたらいいなと」

えげつないものが好きで、人間が好き

「占いの先生に『えげつないもの、大好きだよね』って言われたことがあるんですよね。確かに、ゴールデンボンバーと、デーモン小暮閣下と、矢沢永吉さんが好きです。ポリシーがある人。あと、何でって言われるかもしれないんですけど、嘉門達夫さん。それからセックスマシンガンズ。やっていることと、歌の内容がすごく真面目で。愛車の中で聞きながら、浜名バイパスをぶっ飛ばしたりしてます」

——割り切れない人間らしさに惹かれる

「どうして占い師になったかって、とどのつまり、自分が幸せになりたいから……ですよね。人の役に立てることが嬉しいし。根が寂しがり屋なのかも。人と関わっていたいから美容師してるのかもしれないし。ドライブとかひとりで過ごす時間も、どっちも必要なんですけど。カラオケに行くこともあります。1曲目は、メンツにもよるんですけど、『千の風になって』を歌って発声練習をしてから、そろそろいいかなってところで、十八番の『メモリーグラス』を歌うんです（笑）。でも、友達となかな

か休みが合わなくて」

――やっぱり人間が好き

「人が好きじゃなかったら、占いやってなかったと思います」

――今後の個人的な課題は、人生のパートナーを見つけること

「上司に『なんで彼氏がいないのか理解できない』って言われて。『ああ、そうなんや、そんなふうに思う人もいるんや』と。祖母が今年90歳で、父も60代後半なのもあって、これから先、強がっていてもひとりでは寂しいなって思います」

――ひとりの人間として幸せになる。それでこそ、お客さんを幸せにすることもできるのだろう

すべての仕事に占いを活かせる

専業占い師にも副業占い師にもならずに占いを活かす方法があります。

有料で占いをするのではなく、今の仕事に占いを取り入れるのです。

占いは、性格を知り、行動を予測します。これはすべての接客業に活かすことができます。

人相を勉強した美容師は、別に副業占い師にならなくても、頭の形や顔立ちから、喜んでもらえるような髪型を提案したり、お客様に喜んでもらえる接客ができたりします。

生命保険のセールスでは、生年月日から占いを参考にしてプランを提案することもあるそうです。

人材派遣など、人の性質やタイプを見抜かなければならない仕事にも、占いが役立つでしょう。


カラー占いの知識は、インテリアやファッションの仕事にも役立ちそうです。たとえば「モテファッション」や「勝負服」「リラックスできるインテリア」を提案することもできます。

どんな仕事でも職場で占いトークをするだけでも会話を盛り上げることができます。特に若い女子の間では、占いトークは鉄板ネタです。

先行き不安定な仕事、水商売には占い好きな人が多いので、占いができれば人気者になれます。

別に、占い師にならなくてもいいのです。

占いができると、いいことがたくさんあります。

世の中には、「実は占いができる」という人が結構いるのだと、わたし自身占い師になってから知りました。

作家、編集者、音楽家、主婦……彼らは別に副業で占いをしているわけではないのですが、その腕前はプロに匹敵するほどです。自分で自分を占ったり、友達を占ったり、占いを学ぶことを趣味にしているのです。

また会社経営者に占い好きな人が多いのもよく知られています。易占いに用いられる「易経」は経営者必読の書とされていますし、中にはプロ並みに占える人もいます。

占い師にならなくても、占いを知り、学ぶだけで、人生が豊かになるのです。

看護師占い師

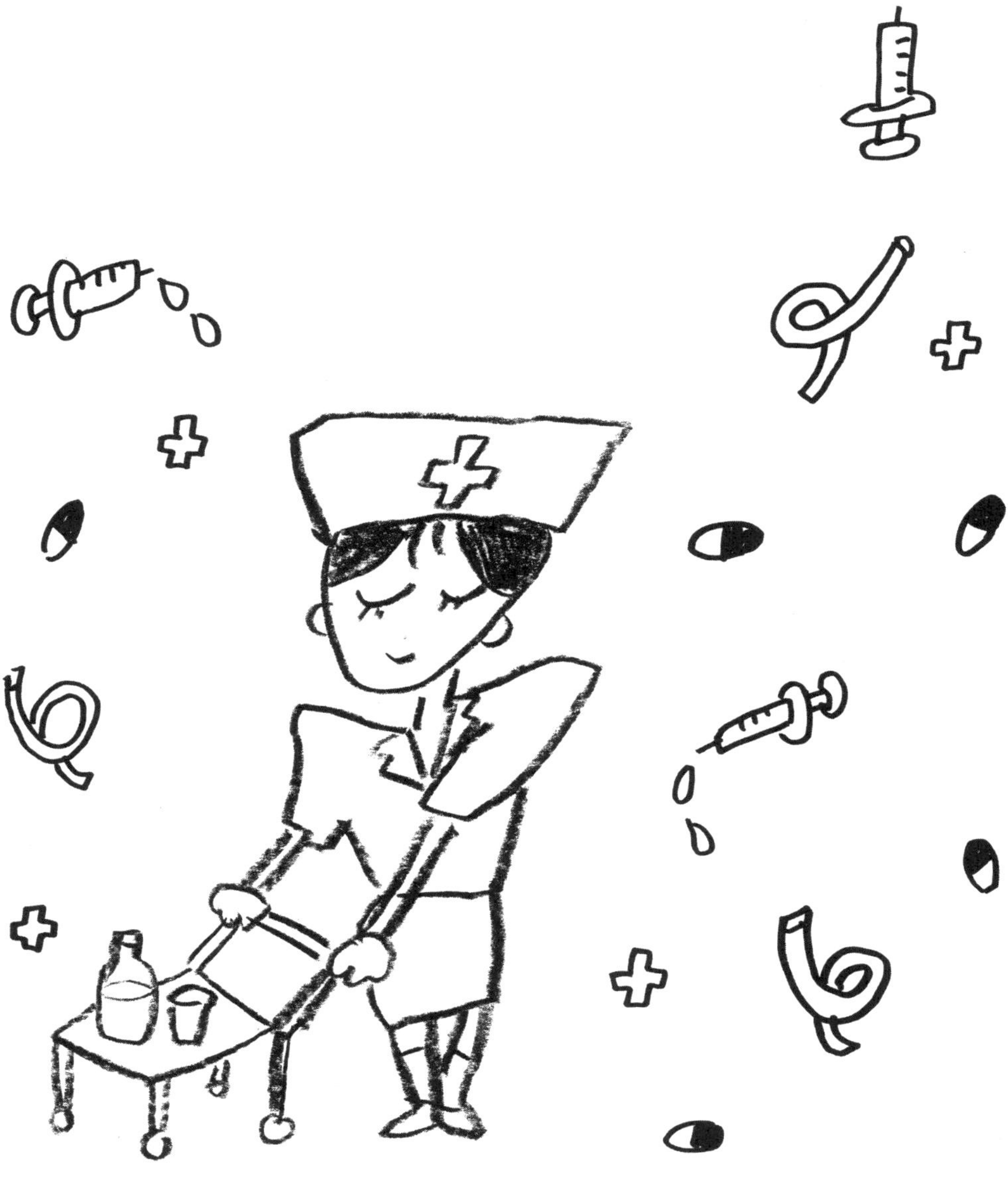

父親と喧嘩をして、預金通帳と印鑑を持って家出をしました。もっと豪快にやっておけばよかったとも思っています

看護師占い師 ―― 乙宮希光《おとみやひとみ》

両親の離婚を機に、手に職を得るため看護師の資格を取得。看護師として働く一方で、医療に限界を感じ、ほかの部分からも人を救いたいという思いから、本格的に占いをはじめる。看護師歴20年。占い歴3年。現在は特別養護老人ホームで働くかたわら占いに従事している。

占術

水晶、ジオマンシー

好きな時間

猫とまったりしているとき
パワースポットに行くとき
美味しいものを食べているとき

好きな言葉

思考は現実化する

工業高校を出て、看護学校へ

「地元は茨城です。小学校６年生のとき両親が離婚して。父親のほうに行きました。厳しかったですね。あれもダメこれもダメ。なんでこんなにダメなのっていうくらい。世間体とかもあったのかな。田舎だと親が離婚してるから子どももって言われちゃうんで。高校は親がどうしても茨城の工業高校に行かせたくて。でもあたし、機械音痴だったんですよ。製図とか全然できないし、つらかったです。１学年２４０人中、女子が10人くらいしかいなくて。昔からちょっと変わり者だったんで、同級生となじめなくて」

―占いの雑誌を読むのが好きだったが、高校では占いの話もできなかった

「もうムリって。高３の10月頃、先生に看護学校受験するって言ったら『お前ふざけんなよ』って言われたんですけど」

―男性ばかりの工業高校から、女性ばかりの看護学校へ

「今度は学生36人のうち男性が４人。先生も厳しいし、あたしほんとに、人付き合いダメで、つまんなーいって思って日々過ごしてたほうが圧倒的に多かったです」

―看護学校卒業の半年前に家出した

「父親と、どうしても合わなくなって。ギリギリまで我慢するタイプなんですけど、もお〜〜家に帰りたくない！　って。父親に一番ダメージを与える方法ってなんだろうって考えて、預金通帳と実印持って家出したんですよ。夜逃げです。お母さんに『助けて』って、かくまってもらったんですけど。資格取ったらすぐ出て行くっていう条件付きで」

―学校にも家にも、どこにも自分の居場所がなかった

「居場所ってどこだろうって、20代後半くらいまでずっと思ってました」

あたしはアンパンマンです！

「看護師の仕事は、すっごい大変で。3年経ったら辞めてやるって思ってたんですよ。仕事押しつけられて駆けずり回って、もうムリってなって。2年に1回くらい、病院を変えてたんですけど。同僚はみんな忙しいし、やっぱり本当に人と合わないんですよ。仲良くしようって近づいてきた人が実は利用しようとしてたり、友達だと思って助けても、自分が助けてもらいたいときは全然助けてもらえなかったり。結構しんど

かったですね」

―友達なんていらない、と思った

「どこ行っても、あたしだけ特殊なのかしらって。あたしがおかしいのかしらっていうのがすごくあって。だったら友達なんていらないわって。主任さんたち3人くらいに『あんた友達いないでしょ』って言われたんですけど、最後の頃は『あたしはアンパンマンです』って言ってました。『アンパンマンの歌を聴いてください。愛と勇気だけが友達だって言ってるでしょ！』って（笑）」

―30歳で東京に出てから、勉強していろいろな資格を取得する

「今や資格マニアって言われちゃってるんですけど。高校の勉強より全然楽しいし。母親があたしの専門外のとんでもない病気をしてくるんですよ。『うちの娘、2年も看護師やってて、あたしの病気は今まで2人しかみたことないんだって』って母親が言っているのを聞いて、それが悔しくて。看護の勉強は母親がきっかけではじめたんじゃないかっていうくらい」

―占いの勉強もはじめた。四柱推命では、家族縁が薄いと言われた

「30代はお母さんのことで手がかかるよって言われてて。母の最後の入院先が東京だったんですよ。あたしが東京に来た理由はこれだったのね、ってちょっと納得しま

した。もしも母親が寝たきりになっちゃったら、家で占いの仕事をできるかなとか、そんなことは考えたんですけど」

―36歳のときに母親が亡くなって一度占いから離れた

「SNSが普及したおかげで、面白そうな占い講座がいっぱい見つかるんですよね。38歳くらいからようやくって感じですよ。看護師はストレスが溜まるせいか、いろんなものにはまる人がいますね。宝塚とかビジュアル系とか、スキーやスノボ、ホスト、海外旅行にはまる人や、ひたすら貯金をしてる人もいますね」

変わり種の水晶玉占いで占い師デビュー

「3年前に習いに行った占いの先生に『水晶玉占い※覚えてイベントとか出てみない?』って言われて。なんか、変わった占い、面白そうだなぁって、家で結構練習しましたよ。まずは身近なことから。あたしパチンコ好きなんで、今日は何番台が出るか教えてとか。めっちゃ自分の欲が入ってるんで(笑)」

―欲が入ると当たらない。当てるには平常心が肝心

「習ってから2、3ヶ月後にイベントに出たんです。本当に荒削りな状態でしたけど。

※水晶玉占い……水晶玉に映る映像などから占う

そのとき『なんでこんなに分かるんですか』って言われて、あたしもびっくりしちゃって。こんなに当たるものなのねと。それから月に2回くらい休みの日にイベントに出るようになったんです。あたし、本当に変わり種から入るんだなって笑っちゃったんですけどね。去年からは、ジオマンシー※占いも併用しています。『よかったから友達連れてきたよ』って言われると、病院の仕事とはまた違って、よかったなって思います」

―今は老人ホームで夜勤看護をしながら、もっと占いの仕事を増やしたいと思っている

「いろんなチャレンジをしてるんですよ。昼は検診車行って夜勤して、夜勤明けに占い館に出たり。占い館でチャット鑑定なら自分のペースでできるよってすすめられて。あたし、電話占いができないんですよ。すっごい早口で、茨城弁でまくしたてちゃうんで（笑）」

―看護の仕事で一番好きなのは、採血

「一日採血だけやってたいってくらい大好きなんですよ。患者さんとスピッツ（採血管）さえ間違わなければ一番楽なんです。あたし採血、めっちゃ得意なんですよ。看護の仕事自体は嫌いじゃないけど、人との関係が苦手ってだけで。だから、ひとりで夜勤っていう職場を選んだんです。みんながいるから孤独を感じるんで、最初からひとりだったら、孤独を感じないじゃないですか」

※ジオマンシー占い……アラビア由来の、ダイスなどを使う占い

——それでも占いが人間関係を広げてくれた

「同僚さんには、夜勤の休憩時間にこっそり占いしているのバレまして、あとで『今度みて』って言われました（笑）。あと、銀座で占いしてたときの相方がいるんですけど。すごく勉強家で、本当に彼女にいろいろ助けてもらってて。前はね、あたしばっかり苦しんでとか思ってたんですけど、30〜40代になって、周りに恵まれてきたのかな。むしろ今は周りに助けてもらってばかりいるんじゃないかなって。人間関係だいぶ変わりました。あきらめないでがんばってよかったなって思います」

——占いの仕事をするようになって3年目。欲も出てきた

「もっと勉強したいって。どんな占いでも、これはみれるけどこれはみれないっていう穴があるので。ただお金もらうだけじゃなくて、さらにお客様に還元したいです」

看護師はおいしい仕事？

「看護師は病院、施設、献血車や検診、遊園地とかの救護とか、いろんな場所で求められてます。今はツアーナースという看護師の旅行同行の需要も増えてるんですよ。保健の先生が修学旅行に行っちゃったら、学校にいなくなっちゃうから、外部から看

護師さん呼ぶんです。友達で、夜勤をしながら合間に高校の修学旅行の付き添いで全国飛び回っている人がいます。看護師って、信頼も高いし、ローンも組みやすかったりするんです。アルバイトでもいいカード作れちゃったりするんですよ」

―稼げる仕事のように思われているが

「なんでお金がいいように見えるかって、普通の人が寝ている夜に働いてるっていうだけなんですよ。それに、人を助けたいんじゃなくて、お金、お金っていう人が多いんです。看護師っていう名の人殺しもいますし。その人の判断なので責めることはできないんですけど、あのときにこういう処置をしていれば違ったんじゃないのって」

―命を左右する責任感と重みを実感しているからこその、キツい言葉だ

「看護師は、天使か悪魔か、ペテン師か（笑）。もしくは白衣の戦士」

―自分自身の中に仕事への倫理観が必要だ。誰も見ていなくても

「本当です。そこは占い師も看護師も一緒ですよね」

趣味にするのか仕事にするのか

占いをして楽しくなって、人を無料で占って喜んでもらって。さらに有料で占ってみたら思った以上にうまくいって「プロ占い師になれるかも」と思うようになって……有料で占う副業占い師になり、さらにそのごく一部が専業占い師になっていきます。

そうなったらもう、占いは趣味ではなく、仕事です。

それは、イラスト好きな子が、ステキなイラストを描いて友達に喜んでもらって、コミケで同人誌を販売するようになり、プロとしてデビューするようになるのと似ています。プロデビューすれば、「プロだから描けない」ものがあり、「プロだから描かなくてはならないもの」もあります。

イラストを描くすべての人が、プロのイラストレーターを目指しているのではないでしょう。自分が好きなものを好きなように描きたくて、あえてプロにならず、本業のかたわら、趣味としてイラストを描く事を選択するイラストレーターもいます。

占いをする者すべてが、占いのプロを目指すべきとは思いません。

プロであるからこそ、制限されてしまうこともあるのです。すくなくともアマチュアなら、占い関連の出版社や会社の反応を意識して対応する必要はないわけです。お客様からの評判を気にする必要もなく、同業者のやっかみを受けることもありません。

趣味として割り切れば、この業界で仕事をしている占い師とは違う目線から、物事を見ることができます。

占いを仕事にするメリットは、好きなもので食べていける喜びです。

そして、占いを仕事にしないメリットは、占い業界から、独立した立場でいられることです。

占いの一番楽しいところだけを得られるのは、趣味で占いをしている人なのかもしれません。

占いが楽しい、楽しくて面白いから占いが好き。それなら、あえて急いで、仕事にしなくてもいいという考え方もありかと思います。

システムエンジニア
占い師
ENTER?

かつては占いジプシーになって、
まるで病気のように占いに通っていました

システムエンジニア占い師 ― Mibo《みぼ》

システムエンジニアのかたわら、占い師兼ヒーラーとして活動。過去に占いジプシー（依存症）を経験。自分自身を占ったほうが健康的だと考えたあと、タロットカードを購入したのをきっかけに占い師の道へ。女子校という女性社会での経験と工学部・エンジニアという男性社会での経験から、性を超えたフラットな目線で物事を的確に捉えることを得意としている。

占術

ルノルマンカード、ジオマンシー、タロット、西洋占星術、ストーンリーディング

好きな時間

家や神社などで、無心でまったりしているとき

好きな言葉

為るように成る

公式サイト ― https://mibo-logimagi.com/
twitter ―― @mibomibo_4
note ―― https://note.mu/mibospi

アニメとゲームが好きで、理系の職場に

「ガンダムのオペレーターかっこいいみたいな。ゲームで言うとクロノトリガーのルッカとか、泥臭く機械いじりしている女性に憧れていて。オカルトや占いはテレビでは見ていたんですけれど、夢の世界っていうか、東京だとすごい人がいるんだなあと。あたしが住んでたところって、鹿児島の田舎なもんですから。昔小さいときにイジメがあったり、いわゆるその、村八分的な文化についていけない部分があって」

—地元の大学で物理を学び、東京に来てエンジニアとして就職した

「アニメやゲームが好きだったんですけど、テレビ東京が映らなかったんです。雑誌でしか見れないから。東京に行きたくって。組み込み系のシステムエンジニアです。ハンダごてを使ったりとか。どっちかというとハードウエア。もちろんプログラミングもするんですけど。ＩＣのアルゴリズムを作ったりとかしてるんですよ。パソコンに向かってひとりで黙々とやっています」

—バリバリの理系の職場に入って、はじめての恋。だが相談相手が見つからない

「職場に、あたししか女性がいなかったんです。いわゆる男子校の中に女子がひとり

みたいな。男性に相談したんですけど、そしたらなぜか好きになられてしまうという。そんな距離感になるつもりもなくて。女性的なひがみやイジメはなかったんですけど、その分、女性特有の悩みは相談しにくかったというのがあって」

—そんなとき先輩から「占いがすごい」という話を聞いた

「〇〇の母とかが流行っていた時代で。じゃあ、一度踏み出してみようかなと。そこから対面鑑定、電話鑑定にはまりだして。電話鑑定は、話せて楽しいっていうのがあって、占いっていうよりは相談相手でした。当たる当たらないよりも心を落ち着けたかったんですね」

—カウンセリングと違って、占い師は答を出してくれる

「あたしは自分に自信がなかったものですから、たくさんある解の中でどれを選ぼうかなっていうよりも、これって指定してくれるほうが楽な部分があって、どんどんどんどん、占いにはまりだして」

占いジプシー、そして占われる側から、占う側に

「望む答じゃなかったら、違う占い師に同じことを聞いてみて、それが全く反対の答

だったら、じゃあもうひとり聞いてみようと。※西洋東洋、※チャネリング、いわゆる霊感占いも……自分でももちろん、異常だ、やめるべきだとは思ってましたね。結構、お金かかりますし。もうやめようと思っているのに、やめられなくて、部屋の中でのたうち回ってました」

―多いときは月に3万円以上、電話占いにつぎこんでいたという

「あんまりだから一度、タロットを学んでみようとやってみたんですけど。※死神のカードとか出るんですよね。初心者には結構きつくて。当たってるんだと思うんですけど、受け入れられなくて、精神的に。やっぱりプロにみてもらったほうがいいやって感じになって」

―※ルノルマンカードを知って、再び自分で占ってみようと決意

「このカードだったら、自分でも読めるんじゃないかなって。あまり怖いカードが入ってないっていうのもあったし、可愛い絵柄もいっぱいあって。勉強してみたら、めちゃくちゃ楽しかったです。今まで独学が多かったんですけど、はじめて講座にも参加して。周りの生徒さんを見てても、当たってるってことが分かったんですね。それからなんだできるじゃん。と、どんどんどんどん（笑）」

―理系女子の探究心に火がついた

※西洋東洋（の占い）……占いは大きく西洋東洋に分かれる。西洋占いには西洋占星術やタロット、ルーンなど。東洋占いには四柱推命や易、紫微斗数占いなど
※チャネリング……神霊的存在や宇宙人、死者等と対話する方法
※死神のカード……タロットカードで、物事の終わりを意味する
※ルノルマンカード……ヨーロッパで生まれた占いカード

「すごく数学的っていうか、論理的っていうか、なぜそうなのかっていうのが筋道を立てて出てくるので、中身はオカルトのはずなのに、なんでそんなに具体的に事象を描けるんだっていうところが面白い。占いをする側って、それを理解して出してるわけじゃないですか、そっち側の世界を見てみたいっていうのがありました」

一気に集中して占いを学んで、勢いでデビュー

「理解するのは人より早いほうだと思っているので、集中して、ルノルマンカード、ジオマンシー、レイキ※を勉強して、イベントで占い師デビューしました」

—自分の意思で占い師になろうと思った

「占いに対する感じ方も変わりましたね。受け身だったんですよ。言われたことを実践して、うまくいった、いかなかったって。責任転嫁していたところもあったと思うんですよ。占い師が言ったから仕方ないって。自分で占うようになって、なぜそういう解を出したのかが分かるようになりました。読む側になって、何を伝えたかったのか、視野が広がったって感じですね」

—相談者は男性のほうがなぜか多い、共感しすぎないからかもしれない

※レイキ……手をあてて行うヒーリング、施術の一種

「あたしは共感型ではないと思いますね。共感することがその人が求める解なのか？ごまかされて終わるっていうのはあたしは苦手なので。数学でもそうなんですけど。問いには答が欲しいなと」

―やはり理系

「どちらかというと理論的、風属性※かもしれないですね」

占いはその人に最適な「解」を見つけるツール

―副業占い師になって一年。今後、専業にするかは分からない

「バランス取れるかな。まだ独身ですし。本業のほうが収入的にも全然あるので」

―プロになって、恋愛も働き方も人それぞれだと知った

「働き方にしてもコツコツ地道に事務員をしている人もいるし、華やかにお茶くみしながら会話をするのが向いている人もいるし。悩みのベクトルもその人で違うし、お茶くみでキラキラしててももっと仕事したいと思っている方もいらっしゃいますし、コツコツ事務職をしていながら、本当は華やかな変化のある仕事をしたいと思っている方もいらっしゃいますし。占いは、どう生きたいのかを見つけるツールだと思いま

※風属性……火・風・水・地の四大要素のうち風の要素は理論的

すね」

―自分の性格も変わった

「オープンになってきましたね。部屋の中でゲームをやっていた頃と比べると（笑）。最初、接客業向いてないのかなと思ったんですけど、全然そんなことはなかったし。やってみたら楽しくて。あとは本当に占いって毎日が勉強なので。学びたいという覚悟がないと難しいかなって感じですね」

占いジプシーになってしまっている方へ

「占いジプシーはよくないものだけど、いろんな例題を先に知れたという意味で、あれはあってよかったのかなと。高い勉強料でした（笑）」

―占いをすることでジプシーから抜け出せたが、実際に行うには覚悟が必要

「自分を占うって、ジプシーの方にはハードル高いと思うんですよ。特に今の状態が悪すぎて救われたいっていう場合、結果を受け止められる精神力が備わっているかっていうのが一番カギになってくるんじゃないかな。できれば調子がいいときに占って欲しいです。こういうやり方も、ああいうやり方もあるんだっていうことを知っても

らいたい。今だめな状況に対して救われたいというのであれば。いろんな道筋を知るために占うのであればいいのですが」

―占いの結果を受け止めることができるよう、自分と向き合うことが先

「まず、自分をキラキラさせるために、占いを使って欲しいって思いますね。そうすれば本当の悩みも受け止められる自分になってくるし、答に対してごまかさない自分になれると思うので。占い師ですからもちろん、悩みに対しての解は用意しますけど」

―占いに左右されすぎないことも大事

「幸運って結構、連鎖していくと思うんですね。占いは、それを活かせる道具であって欲しいんです」

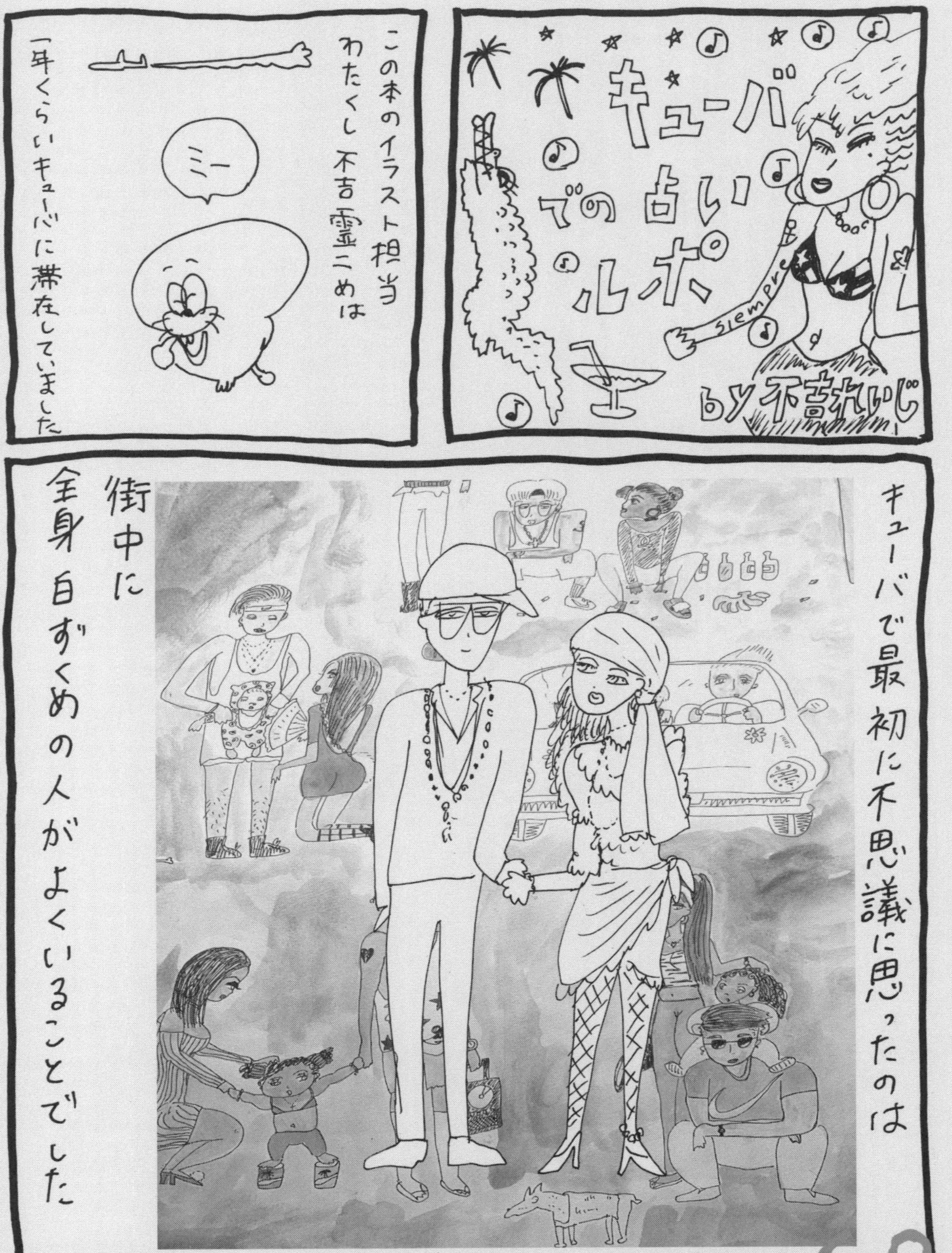
キューバでの占いルポ
Siempre
by 不吉れいじ
この本のイラスト担当
わたくし 不吉霊二めは
一年くらいキューバに滞在していました
ミー
キューバで最初に不思議に思ったのは
街中に
全身白ずくめの人がよくいることでした

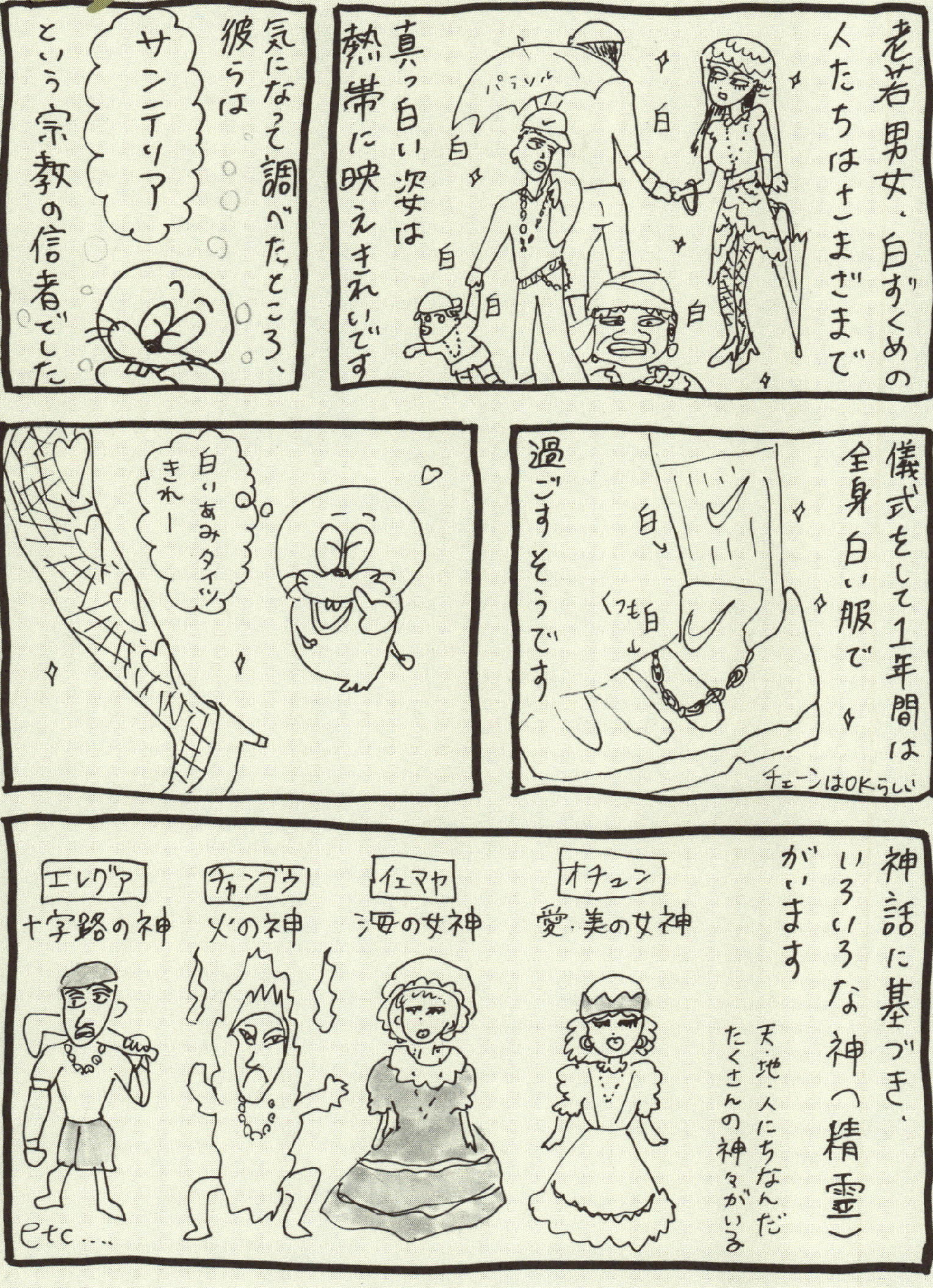
老若男女、白ずくめの人たちはさまざまで
真っ白い姿は熱帯に映えきれいです
パラソル
白
白
白
白
白
白
気になって調べたところ、彼らは
サンテリア
という宗教の信者でした
儀式をして1年間は全身白い服で
過ごすそうです
白
くつも白
チェーンはOKらしい
白いあみタイツきれー
神話に基づき、いろいろな神(精霊)がいます
天・地・人にちなんだたくさんの神々がいる
オチュン
愛・美の女神
イェマヤ
海の女神
チャンゴウ
火の神
エレグア
十字路の神
etc....

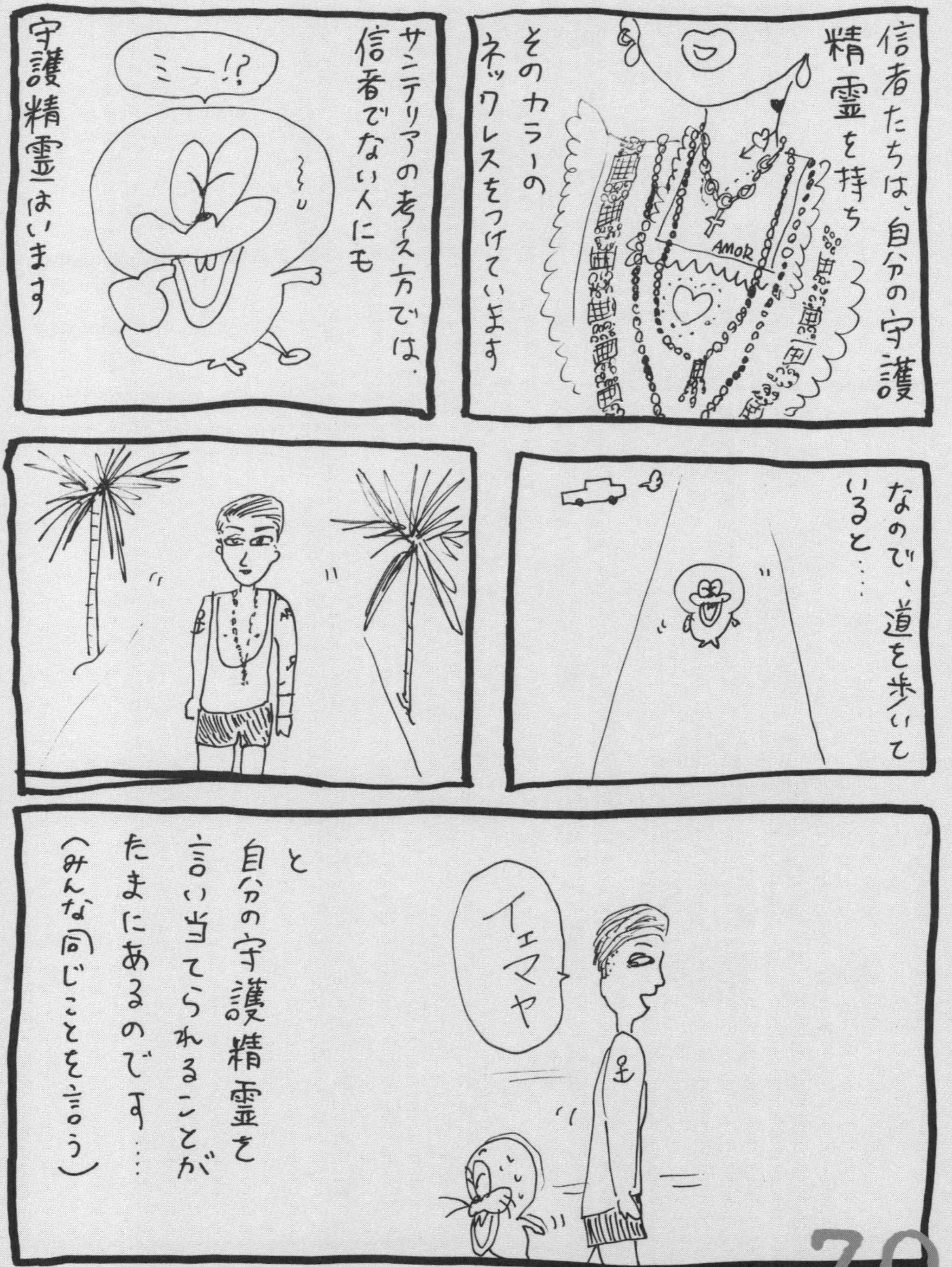
信者たちは、自分の守護精霊を持ち
そのカラーのネックレスをつけています
AMOR
サンテリアの考え方では、信者でない人にも
ミー!?
守護精霊はいます
なので、道を歩いていると…
イエマヤ
と
自分の守護精霊を言い当てられることがたまにあるのです…
(みんな同じことを言う)

71

わたしの守護精霊はイエマヤ……
私は、イエマヤについて気になった
イエマヤの総本山の教会があるレグラに行くことに。
海の女神イエマヤ
首都ハバナから船で5分ほどの港町です
レグラ
GO!
GO!
BOROBORONOFUNE
占い師がいっぱいいる…
レグラで私はとってもフシギな体験をすることになるのでした……
?
つづく

呪いの占い

　ホラーではありませんが、ある意味、それよりも怖い話です。

　わたしは児童書作家をしているため、イベントなどで、子どもを占うことがあります。大人に比べて何倍も感受性が強い子どもを占うときは、大人以上に気を遣います。

　子どもに向ける言葉は、良くも悪くも大人に向ける言葉の何倍もの影響力があります。

　大人を占って「音楽の才能がありますね」と言っても、音楽家になろうと思う人は少ないかもしれません。でも、子どもに「音楽の才能がある」と告げたら……たとえ今は歌が好きでなくても、将来、進路を選ぶときにふと、占い師の言葉を思い出して、音楽系の道に進んでみようかと思うかもしれません。

　これは、占いに限らない話です。子どもの頃、誰かに何気なく言われた一言がずっと心に残っていたという経験を持つ方も少なからずいるでしょう。たとえば、親に「ひどい音痴だ」と言われた子どもは、自分は音痴なのだと思い込んで、歌うことが嫌いになり、練習しようと思う気持ちもなくなり、結果、言われたとおりになるのです。

　占い師の言葉も、親の言葉に匹敵するほどの威力があります。「音楽の才能がない」と告げた占い師の言葉は、その子の可能性を潰してしまうかもしれません。占って本当にそう出たのに、ウソをつくべきと言っているのではないのです。ただ子どもさんに伝える場合は、細心の注意を払う必要があるのです。

「異性運がない」「結婚できない」「離婚運がある」「○歳まで生きられない」

　これらの占い師の言葉は、呪いの言葉です。

　その子の心に五寸釘のように打ち込まれて、あとあとまで残り、やがていつか呪いが成就するのです。

　実際、「占いが嫌い」という人の中に、子どもの頃、親に連れて行かれて、嫌なことを言われたという方もいます。呪いの言葉を吐く占い師がいなくなるよう、祈ります。

　子どもの未来を語る言葉は、その子にとって、祝福にもなり、呪いにもなりえるのです。

歌手占い師

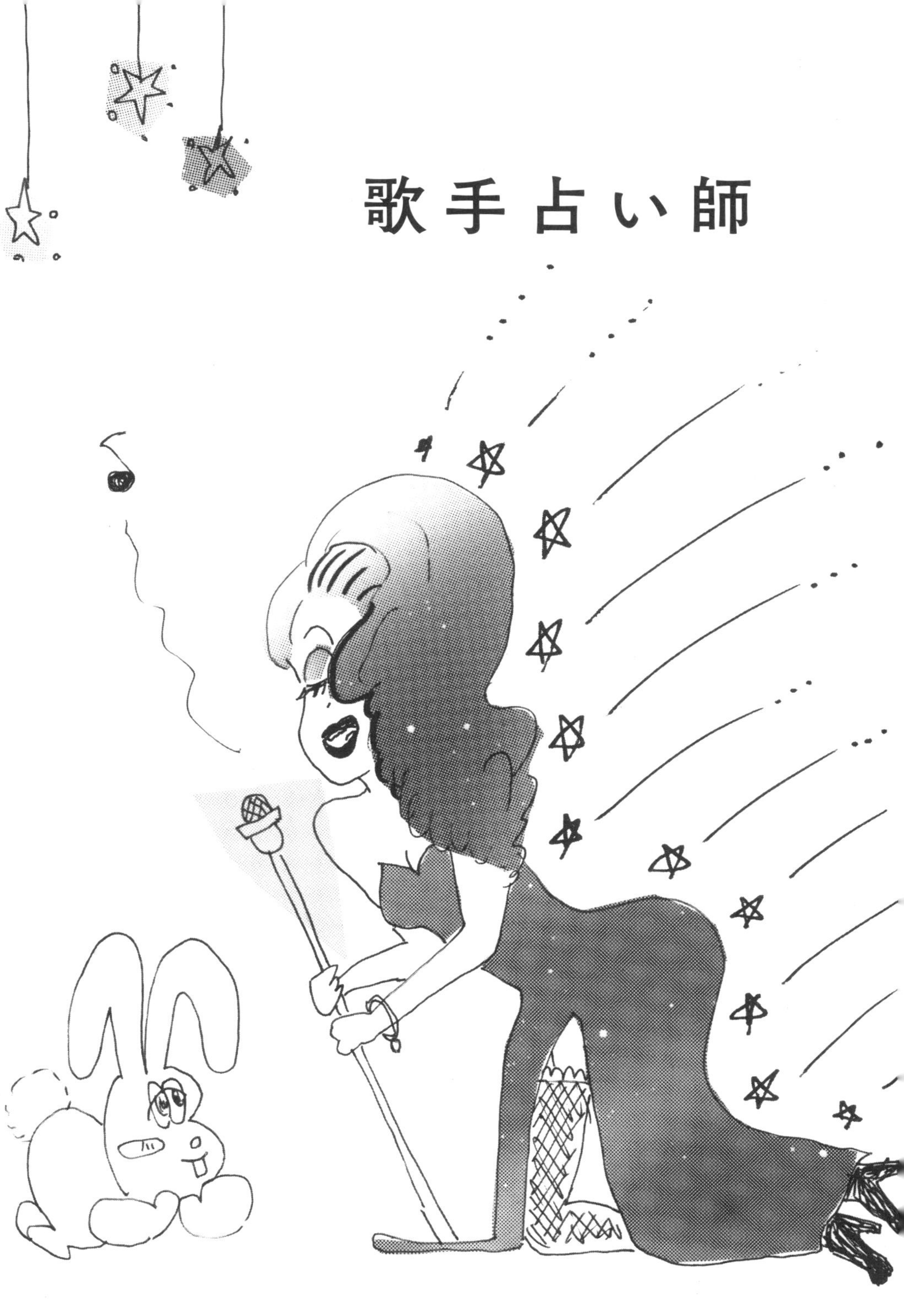

両親はじめ周囲の大人に諭されていなければ、ダークサイドに堕ちていたかもしれません

歌手占い師――赤魔導士《あかまどうし》Bijou《ビジュー》

子ども時代より感覚が鋭く、みえない世界が近い存在だった。以後オカルト世界にハマり込む。2017 年に占い師としての覚悟を決め、髪の毛を真っ赤に染めた。鑑定歴約 35 年 。『占い』＋『霊能力』＋『全体対話』＝総合鑑定 ∴ Dragon Bijou Session と名付け、月 1 ～ 2 回都内で対面鑑定を行う。

占術

タロット、グリモア占星術、
グランルノルマンカード

好きな時間

猫とひっつき読書をする時間、入浴
動物園、水族館、美術館、博物館、映画館で
過ごす時間　圧倒的に夜が好き

好きな言葉

無知の知

公式サイト―https://www.ayanoray.com/

妖怪のようなものと遊んでいた子ども時代

「あたし本当にちっちゃいときからいろんなものがみえていたので。霊的な、お化けっていうよりも、妖怪みたいなの。毛とか石とか光とか。調べようと思って、一番最初に自分の意思で買った本は、水木しげるさんが書いた『妖怪大図鑑』（講談社）なんですよ」

―父親が面白がって、占いツールを与えてくれた

「五円玉に糸を通して占うダウジング※で『将来あなたの子どもは何人です』とかやっていたんですよ。オーラなんかもみえたんで、うちの父に『今日はお腹が痛いでしょう』とか言ってたらしいんですね。浮気なんかもすぐ分かっちゃうから。『パパはあの女の人と仲良くしないほうがいいよ』とか。ぞっとしたって言ってました。それが一番怖かったって」

―生まれは横浜、育ちは神楽坂

「生まれたときから教育係が付いていたんですよ。乳母みたいな。うるさいばあさんだったんですけど（笑）。マナーとか考え方とか、外に出たら常に姿勢をよくしろと

※ダウジング……振り子などを使う占い

かいろんなことをちくちく言われていたんで。あたしこう見えて本当は生粋のお嬢なんです。小中学校は車で送り迎え。自分自身では全然お嬢っぽくはないと思います（笑）」

―べらんめぇ口調は江戸っ子だから

神社に2回預けられた

「小学2年生のとき、将来的に人に迷惑かけないように、奈良の神社に1ヶ月くらい預けられて。一種の修行ですよね。みんな大人ばかり。イヤでしょうがなかった。でもそこで、怖いものをみない方法も習いました。スイッチを切り替えるイメージで、気持ち悪いものとか怖いものを察知する一番下のチャンネルは切っとくんだよって。ちょっと上のチャンネルにすると『後ろの人（守護霊）』がみえるし、さらに上になるとだんだん発光体になっていくんですよね」

―小学4年生からタロットカードで占っていた

「中学生とかになると、みんな占いに興味持つじゃないですか。あたしの占い方っていうのは、いわゆる『後ろの人』がいろいろ教えてくれるんですよ。だからいらんこと言っちゃうんですよね。『あなた養子だったのね』とか。それが中学1年生のときですね。で、うちの両親が慌てたのか、また神社にぶっこまれて（笑）。生老病死とか、合否とかもね、覚悟の上で知ってねっていうこととか、散々たたきこまれて。そこでまた少し人として成長したっていうか」

—高校生のとき、家族で青森に引っ越した

「あたし、お日様がダメなんです。日光過敏症のひどいのらしいんですけど。お医者さんに東京の空気が悪いのもいけないんだと言われたのと、父がハーレーをすごく好きなのもあって、突然『乗りたいから引っ越そう』って」

—父親はいわゆる高等遊民

「うちの父、仕事してないんです（笑）。学校で父親の職業を書かなくちゃならないときに、悩むんですよね（笑）。でもご丁寧に立派な事務所を構えてるんです。ひとりで何してんのかっていうと、ベース弾いて遊んでるんですよ。最高です。父親としてっていうか、あの人になりたいですもん。どっかお坊ちゃんなんですね」

—青森に慣れるのには、しばらくかかった

「高校2年生くらいから、ようやくなじみはじめて。男の子を引き連れて、ザリガニ取りに行ったり、占いをしたり。学祭のクラスの出し物で、端でザリガニ釣り、反対側にブースを構えて占いみたいな。でも結構列ができるんですよ。あたし、人見知りしないんで（笑）。江戸っ子のテンポのよさがあったからかな。男子の友達が多かったですね。恋愛の話とかがあんまり得意じゃないから」

医者になるつもりが音大へ

「ずっとお医者さんになるつもりでいたんですよ。24時間テレビでモザンビークの子どもを見たときに、国境なき医師団に入りたい！　って。その話を母にしたら『お日様ダメな子はモザンビークには行けない』って言われて、『は！』って。でももう一回決めちゃったもんだから、医者になろうって」

―ところが高校生で宝塚を見たら、宝塚に入りたくなった

「バレエとかピアノは習っていたので、歌を習いはじめたんです。そしたら、歌おもしれぇなってなっちゃって。音大受けたいって言ったら、『A判定もらってるんだから医大に行きなさい。みんな期待してるんだから。医大に落ちたから音大行くっていいわれたら恥ずかしいでしょ。だから、どっちも受かったら好きなほうに行っていいよ』って。K大の医学部と、T大の医学部と音大を受けました。で、T大だけ落ちちゃっ

たんですけど、親は音大に行くのを許してくれました」
—念願の音大に
「高校教師の資格取るからなんて言ってたんだけど、全然ムリで。大変なんですよ、みっちみちに詰めないとカリキュラムが取れないんです。歌とフランス語の授業は楽しかったけど、周りと合わないし、大学は全然楽しくなかったです」

パリに1年半、ロスに3年、湯島のバーでジャズを歌う

「何やってんのかわかんなくなっちゃったから『歌の勉強しまーす』って言ってパリに行って。1年半。もうね、最高です。いつでもパリに帰りたいです」
—日本に戻って、芸能プロダクションに入った
「歌は歌いはじめたし、お仕事ももらえるようになりましたけどね。でも歌だけじゃなく変な仕事も入るんですよ。セーラームーンのコスプレをしてゲームのキャンペーンをやったりとか。楽しかったですね（笑）。セーラーウラヌスとかやってましたね（笑）。音大を卒業して、歌いながらでもいいっていうから、コネで某商社に入った

んですよ。OLしてた間も友人とか、母の知り合いとか、親戚とか、誰かに頼まれて占いはしてました。無料ではなく、お金なり、商品券なりをもらって」

―2年ほどOLをし、その後ロサンゼルスへ

「歌の勉強をするという名目で、ロサンゼルスに行ってたんです。あっちでも占いはしてました。そうこうしてたら、歯が痛くなって。アメリカで保険入ってなかったんで、歯の治療してくるわっていったん日本に帰ったんですけど、ちょうどそのときがナイン・イレヴン」

―9・11のあと、再びロスに行き、日本人商社マンの男性と結婚

「旦那がロンドンに転勤になって、やっとヨーロッパに帰れる！　って思ったのに、いったん日本に帰ったら、結局日本でそのまま勤めることになっちゃって。しばらくはウェブデザインの仕事をしていたんですけど、歌も歌いたいなと思って探していたら、たまたま湯島のバーで歌手を募集していて。しかもクラッシュギャルズの長与《ながよ》千種《ちぐさ》さんのお店だったんですよ。そこでジャズとか歌ってました」

髪を赤く染めたのは、占い師として生きる覚悟を決めたから

「あたしはギラギラ光ってればいいかなと。ハッキリスパスパ言っちゃう。鑑定では質問を箇条書きにして来てくださいってお客さんに言ってるんですよ。なに聞かれても答えるから、箇条書きにしてくれないと時間余らすよって。あたしにとっての占いって一言で言うと、できるからやってることですね。それを霊能者って言ってしまうとちょっと違うんじゃないかなって。占いも使いたいんですよ。世間の霊能者に対するうさんくささってあるじゃないですか、あくまでも勉強して技術を習得した占い師として扱って欲しいところもあるし。黒魔法も白魔法も使えて、なおかつ剣も使えるっていうのが赤魔導士《あかまどうし》なんですよ」

―占い師であることは、むしろ誇りに思っている

「うちの姪に『伯母が歌手ってのと、占い師ってのとどっちがいい?』って聞いたんですよ。そしたらなんかすごい微妙な顔されて。そうだよね、どっちもカタギじゃねえわなって。でも『やっぱり占い師かな』って言うから、占い師ってことにしようかなって。最近はおかげさまで占い専業に近い感じになりつつあるんですけど。どこかで、なんでも屋的なところを残したいから赤魔導士って名乗ってるんだろうなって思うんです」

占いを副業にするデメリット

占いを副業にすると、どんなメリットとデメリットがあるのでしょうか。まずはデメリットから先にご説明します。

・社会的地位や信用が皆無
・心を病む可能性
・占い以外の雑用も多い
・妬みや嫉妬が多い
・儲からない

並べてみると副業にしようという意欲がまるっと削がれていきますね。

まず社会的地位は底辺です。そもそも占い師は、社会のヒエラルキーから外れたところにいるのです。歴史的にも占い師はずっと裏側の存在でした。裏にいるからこそみえるものがあるのです。現代の占い師は社会人の一員として、ちゃんと税金もはらっていますが、それでもステイタスとは無縁です。さらに毎日深刻な相談を受けているとネガティブに引き込まれて心を病んでしまう可能性があります。身体もですが心の強さも絶対に必要です。またこれは他のすべてのフリーランサーにも共通することですが、雑用がとても多いのです。スケジューリング、ブログやSNSでの告知、経費計算、確定申告などの作業量が馬鹿になりません。こういった面倒な作業ができない人は、占い師も続けられません。

そしてさまざまな困難を乗り越えて人気占い師になると、今度は同業者からの妬みや嫉妬が待っています。

売れている人への妬みからの嫌がらせなどは、他の業界でもあることと思いますが、占い業界ではそれを、「占い師の○○さんに、サイキックアタックされた」と言ったりします。冗談と笑っていられる間はいいのですが、心が繊細な人はサイキックアタックで本当に体調を崩してしまいます。

そしてなにより、占い師は簡単には「儲かりません」。とにかく儲けたいという方には、占い師はオススメしません。なぜなら、「儲けたい」という気持ちがあると、お客さんを遠ざけてしまうだけでなく、占い自体が当たらなくなってしまうのです。

これらのデメリットにがっかりしたあなたには、きっと占い師よりふさわしい仕事が他にあるはずです。

バーテンダー占い師

廃業へのカウントダウンをしながら
孤独に毎日の赤字を耐え続け、
挫折感を嫌というほど味わいました

バーテンダー占い師 ── 千田歌秋《せんだかあき》

占い師としてだけでなく、バーテンダーとしても腕をふるい、タロットカードや占星術などをモチーフにした、オリジナルのカクテルや料理を監修。麻布十番の占いカフェ＆バー燦伍《さんご》を営む、オーナー占い師およびバーテンダー。

占術

タロット、西洋占星術、ルーン（文字占い）、
ビブリオマンシー（書物占い）

好きな時間

たくさんの本に囲まれているとき

好きな言葉

人間万事塞翁が馬

Twitter ── @senda_khaki

カフェ＆バー燦伍
［住所］東京都港区麻布十番 2-7-14-2 階［TEL］03-6435-0303
［営業時間］12 時～ 24 時 水曜日定休
麻布十番にある、占いのできる隠れ家カフェ＆バーです

就職活動からのドロップアウト

—5年かけて大学を卒業したが、就職はしなかった

「大学在学中に、プロとして音楽活動をはじめました。就活はせず、卒業しても音楽活動を続けていたんですけれど、ご多分に漏れず食べていけないわけですよ。音楽ビジネスをやろうっていう意識があまりなかったんですね。それでドロップアウト組のよくある流れで、飲食業界でバイトするようになって。昼は音楽スタジオ入って、夜はバーで。そのうちだんだんバーの仕事が忙しくなってきて、音楽活動が縮小されてきて、音楽どうしようかな、もういいかな、バーの仕事に専念しようかなと」

—タロットカード自体には興味があった

「もともと占いは全く興味なかったんですね。通ってた学校が早稲田にあったんですけど、マイバースデイの編集部があったのも、全く知らなくて。海外の文学や美術が大好きなんですよ。ロシア文学だと川端香男里《かわばたかおり》さんが翻訳しているものとか、イタリア文学だと脇功《わきいさお》さん、ドイツ文学の種村季弘《たねむらすえひろ》さん、フランス文学の澁澤龍彦《しぶさわたつひこ》さん。種村季弘さんと澁澤龍彦さんは美術評論もしていて、世紀末とか魔術的なものとか。タ

ロットカードについての著作もあって。オカルトが大好きなので、タロットカードをコレクションして『これが秘教的カードか！』って思ったりして（笑）」

偶然の導きでタロットバーへ

―とある求人募集が目に留まった

「前のお店がなくなったかで、バーテンダーの仕事を探してたときに、渋谷に古民家バーがあって。面接に行ったらいい感じで決まり。普通そうなったらもう、他の求人見ることってないじゃないですか。ところがそのときに限ってなぜか、もう1回見直してたんですよ。そしたら、同じ渋谷でオープニングスタッフ募集の求人があって。私オープニングスタッフ、結構好きなんで（笑）」

―それが、占い師のステラ薫子先生のタロットダイニングバー369（ミロク）だった

「タロットバー？　なんだそれ面白そうって思って面接を受けに行ったら、『タロット詳しいですか』って聞かれたので『タロット持ってます』って答えたら、『タロットに詳しいバーテンダーが来た』って盛り上がっちゃって、即決ですよ。占い全然知らなかったのに。困ったなって思って（笑）。その日のうちに、松濤《しょうとう》に連れて行かれて。

ベテランの先生方が揃っていました。みんな占い師っぽい黒いドレスで、すごい世界だなと思って。でも話してみたら、みんな普通の優しいマダムだったんです。ただそのとき衝撃を受けたのは、タロットカードって占いではこんなふうに使うのかと」

―生まれてはじめて占いを実際に見て、誘われるままタロットを学ぶことに

「安くしてあげるからって言われて、『いやべつに占いは……はい分かりました……』って（笑）。また上手なんですよ、その気にさせるのが。『占い師に向いている』って言われて、ちょっと調子に乗って。それでもやはり、自分は占い師にはならないって思っていました」

―メール鑑定の仕事を紹介された

「えーそんなのできないですよ、って辞退したんですけど、そこでもうまく乗せられて、『絶対できるから、マンツーマンで教えるから』って言われて。仕事が来るっていうのは信頼されている証なので、うれしかったんですけどね。でも人さまからお金をいただいて占うと、もう占いに興味ないとは言えないですね。意識が変わりました」

信用されることにこだわる理由

―東日本大震災の年に369が閉店し、バー燦伍《さんご》の立ち上げメンバーに誘われた

「誘われるんですよね。いいタイミングで。まっとうに真面目に生きているからかな(笑)。私のモットーは信用なんです。ところがその3年後に燦伍を閉めることになって、もったいないから、『じゃあ、私やりますよ』って、それで新たに法人を立ち上げました。燦伍という名前は残して、私が経営することに。もう成り行きですよ」

―店を持つことと、信用されること

「考えてみれば、バンドマンとバーテンダーって、真面目にやってもあまり信用されない仕事ですよ。そして占い師も。私が信用にこだわるのはそこかもしれないですね。信用されにくい商売をしているからっていう。だから、店をはじめたからには、形になるまで責任を持って続けるって決めたんですね。信用を守るために」

―知り合いの占い師さんにも入ってもらっていたが……

「売上にならず、みんなごめんなさいムリですって、辞めていくわけですよ。お金を失う赤字よりも、信頼に応えられないのが本当に申し訳なくて。昨日もゼロ、今日も

ゼロだった。これは普通の精神では耐えられない。もう大変でしたね。毎日血の涙を流しながら。ただ頑張っているだけでは未来がないんだと、ビジネスの厳しさを痛感しましたね。半年過ぎた頃から近所の方が来てくれたりして、なんとか立ち直らせることができたのが、ありがたかったです」

バーテンダーモードと、占い師モードは脳を入れ替えている

「占いをやるのと、バーカウンターで話しているのと、一緒では占いのお金は取れないんです。接客モードと占い師モードといかに変えて、たとえば20分占って3千円取るんだったら、その3千円の価値をどこに出すか。脳を入れ替えないといけないんですよ。バーテンダーの千田歌秋《せんだかあき》と、占い師の千田歌秋は完全に違います」

―占い嫌いの客には、バーテンダーモードで対応する

「なかには『西洋占星術ってさあ、天動説じゃん。そんなの前提から間違ってる』と言ってくる方もいるんですけど。そういう方には反論するのではなく、『西洋占星術詳しいんですね』と返したり。嫌いなのは興味があるからだし、否定する人がファン

になってくれる可能性もありますし」

──搾取と獲得のメンタリティが好きじゃない

「目標を決めて、獲得しにいくメンタリティとか、あまり好きではなくて。私、いじめられっ子に好かれるんですよ。子どもの頃からそうで。ぼーっとしてるんですけど、人には真面目に向き合うから。いじめられっ子も安心するのかもしれない。多分、否定しないで肯定するからじゃないですか」

──誰のことも否定しない。がむしゃらに目標に突き進む人のことも

「あんまりお近づきになりたくはないけど。搾取されるから（笑）。人を蹴落としたりとか、搾取したりとか、ムリを通さなくちゃとか、それをしたくないから、私は目標とか夢とか設定しないんですよ。『湖』のメソッドと、『道』のメソッドと私は呼ぶのですが、『道』は目標に向かって進んでいくメンタリティ。『湖』はそこにいるだけで、どうぞ魚を持っていってくださいとか、寛いでくださいとか、受容のメソッドなんですけど、私は『湖』ですね」

自分が生き物であることを思い出す瞬間

「誰もいない露天風呂で星を見上げるのが好きなんです。できれば貸し切り状態がいいんですけど。夜中に誰もいない頃合いを見計らって。自然って、自分が生き物であることを思い出させてくれるんですよ。生き物って、次の一歩が目的じゃないですか。花も、鳥も、木も、虫も、ただ生きるためっていうシンプルな目的で生きている。人もまた生きるために生きてるんだっていうことを、忘れないように」

―人との関わりで溜まったストレスが浄化されていく

「星を見てると壮大すぎて、なんかねえ、小さいですよね、個人なんて。その壮大な星の動きと、地球上の小さな生き物ってどこかリンクしてるって思うんですけど、それが占いの考え方ですよね。生き物としての原点だし、占い師としての原点だし。現代人の合理的な考え方、因果律にのっとった考え方で占いをしようとするとだめで、より生き物として生きていた、古代人の考え方にならなくちゃって思うんですよね」

―一日一日、ベストを尽くすだけだ

「人間万事塞翁が馬っていうのが座右の銘なので。次に何が来るのか楽しみですね」

占いを副業にするメリット

占い師という職業を選んだ理由をたくさんの人に聞いてきて、一番多かった答はシンプルに「好きだから」でした。

・好きなことを仕事にする喜び
・自由に仕事ができる
・人のため、社会のために役に立てる

この3つが最大のメリットであり、またこれを喜びと思えることが、占い師の大事な才能です。

占いの世界は広く深く、現在進行形で進化しているので、プロになってからも一生勉強です。勉強することも喜びなのです。そしてすべてのフリーランサーに共通することですが、自由に仕事ができるというメリットは、占い以外の雑用が多いというデメリットと裏表になっています。自由に働くためには、自己管理能力が必要なのです。管理されないとできない人は、自由業には向いていません。

人のため世のために役立てるというのはメリットであるとともに、占い師に絶対に必要な条件でもあります。占い師は、人をサポートする仕事です。悩み苦しむ人の相談に乗り、励まし力づけて送り出すのが仕事であり、主役は相談者です。自分が主役でいたい人は占い師は向いていません。相談者に喜んでもらって、役に立てたと思えることが、占い師の最大の喜びです。もちろん、世の中のすべての仕事が誰かの役に立つことで成り立っているわけですが、占い師は、相談者と向き合うことで、直接、必要とされる実感を得られる仕事なのです。セラピストや心理専門職にも通ずると思いますが、占い師は、占いを通して相談者さんの人生に関わることで、自分の人生を生き直しているのです。

占い師はもっとも古くからある職業のひとつであり、これから先もなくならないでしょう。占い師は社会に役立つ仕事です。これをメリットと思えない人は、占い師という仕事には縁がないのでしょう。

そして、この魅力を知っている人は、たとえどんなデメリットがあっても占い師という仕事を辞めずにずっと続けていくのだと思います。

児童館職員
占い師

子どもの頃から亡くなったおじいちゃんがみえて、
悩んだりするとなんでも話していました

児童館職員占い師 ―MARIE《マリー》

1976年山形県酒田市生まれ。繊細で敏感な性格。神秘的なものが大好きで、幼少期からさまざまな不思議体験をする。中学生のときにはじめてタロットを手にする。大学入学と同時に上京。大学卒業後、大手金融機関に就職。その後、結婚、出産。育児、嫁姑問題、介護、配偶者のうつ、離婚危機を乗り越え、今に至る。現在は、ミラクルやご縁が重なり、導かれるように、占い師をしながら、神奈川県内の児童館でも働く。

占術

西洋占星術、タロット

好きな時間

美味しい紅茶を飲んでいるとき

好きな言葉

為せば成る／なりたい私になる
いまが最高

クラスでは浮いていて居場所がなかった

「生まれも育ちも山形で、すごいど田舎(笑)。5歳のとき、あたしを本当にかわいがってくれたおじいちゃんが亡くなって、納得いかなくて、絶対会えると思って、寝てから毎晩毎晩、おじいちゃん、おじいちゃん、おじいちゃんって心で呼んでました」

―祖父は応えてくれた

「あたしの夢見がちな幻想だと思うんですけど、何かあったときは必ず話しかけてくれる、教えてくれるって自分ではずっと信じてるんです。あたしはラッキーだ、絶対、見守ってくれてる、って思って生きてきました」

―子どもの頃から、普通の人にはみえないものがみえていた

「間違いなく感じやすい。でもそれを自分で認めて自覚してやっちゃうと……だから、あたしはみえませんせん関係ありませんと宣言して自分で閉じて。みちゃいけないものってていろいろあると思うので。いくらおじいちゃんがいてくれても、そこだけは」

―占い好きで、少し夢見がちな子どもだった

「根暗です。クラスで浮いていて。居場所がなくて。なんであたし、こんなにみんな

と合わないんだろうって思ってました。ただ、敵もいたんですけど、強烈にファンになってマリーちゃーんと言ってくれる人が必ずいました。いつも本当に」

―娯楽がない田舎だったため、ひたすら勉強していた毎日

「県で一番の進学校に行ってたんです。先生には好かれるんですけど、反面、なぜかクラスメイトには疎まれて。悲しかった。悔しかった。でも、いつか見てろよ、っていう反逆心もあって。めっちゃ勉強して、早稲田大学法学部に入ったんです。法律家になりたかったんですね。田舎では優秀だったんですが、早稲田に来たら、優秀な人がいっぱいいいて。もう勉強しなくていいし、親からも離れたし、めっちゃ楽になって、嫌われようが好かれようが、いいんだ！　って、すっごい、すっごい、すっごい楽になりました（笑）」

苦しかった会社員時代、占いが心の安らぎだった

「法律家にはなれなかったので、新卒で金融機関に就職しました。もともと情報を読む、流れをつかむのが得意なんです。そういった意味で金融の仕事は好きなんですけど、組織は苦しくて苦しくて苦しくて。この仕事は好き、お客さんも大好き、でも苦

しい。高校時代に戻ったような。でもそうしなきゃいけないだってがんばって……受験勉強をがんばってきたみたいに」

―占いは心の安らぎだったが、あくまで趣味

「仕事で副業は一切NG。お金もらったら、首になるので」

―25歳で結婚して、子どもが2人生まれてから西洋占星術を学ぶ

「その頃、夫とうまくいってなかったのと、長男が育てにくくて、占いしてもらいに行ったら、西洋占星術でみてくださって。ハッとするものがありましたね。なんで主人とうまくいかないのか。なんで子どもが育てにくいのか。あたしはなんで、会社員がこんなに苦しいのか。あ、そっか、納得した。ああ、これでいいんだと」

―西洋占星術を左脳で論理的に納得できた

「西洋占星術は、データをきちんと論理的に読んで、タロットはシックスセンス（第六感）を使ってます。占いというツールがあったうえで、自分の感じたものと照らし合わせて伝えるということを大事にしていますね。あと西洋占星術では時期が見られるので、つらいのも、出口がみえる。それが大事だと思うんですね。仕事を辞めるつもりはなかったので、あくまで趣味と自分の癒やし。ほとんど自分のために西洋占星術を勉強してました」

―会社員を辞めることになったのは、子どもの言葉がきっかけだった

「子どもが中学に上がるか上がらないかの頃『もうお母さん辞めて』って言われて。主人が単身赴任で、親を介護して子どもの受験もあって、いっぱいいっぱいだったんです。子どもたちにがんばりなさい、お母さんこんなにがんばってるんだからって。子どもにそこまで思わせてるって気づかなかったんですよ。それほどまでに負担をかけてたんだって思ったら、もう涙が止まらなくなって」

―仕事を辞めて肩の力は抜けたが、この先何をしていけばいいか、途方に暮れる

「多分、依存してたんですよ。会社に。肩書きがなくなって、あたし何者でもなくなっちゃった」

いきなり企業の占いイベントでデビュー

「失業保険をもらいながら仕事を探そうと思ってたとき、会社員時代にお付き合いがあった生保会社の人に誘われて。でも生保やるなら金融に戻るし。それで、『実はこういう顔があるんです』と占いのことを打ち明けたら、『きみ、そんなことできるの？じゃあ』って。ああいう業界って営業職員さん募集のためにイベントを毎月やったり

するんです。そこでやってほしいって。それでデビューしたんです」

――いきなりの企業イベントデビュー

「でも得意なんです。ビジネスマンだったので。お客さんに必要なものを提供する。そこで成果を出せば次につながるっていうのが身についてたのと、相手も、あたしを仕事人として信頼してくれてたんで。きみなら大丈夫と。そこから全国で呼ばれるようになりました」

――とはいえ、占いはあくまで副業。ハローワークでの仕事探しも続けていた

「今までの職歴から会計事務所とかを紹介されるんです。だったら銀行辞めてません、これからは好きに生きるんですって言って。占いの勉強もしながら、法人さんの占いイベントに月一くらいで行けるようになりました。健康体操で通っていた地区センターの人と仲良くなった母が、受付の人が辞めると聞いて、『うちの娘がちょうど職探しをしているから』って」

――児童館併設の地区センターに、パートで勤めることに

「午前中はおじいちゃま、おばあちゃまが来て、午後から子どもたちが遊びに来て、土日は一日中子どもたちが遊んでます。卓球場もあって、中学生のお兄ちゃんも来ます。卒業した子が遊びに来て『ぼく卓球部に入ったんです』と報告してくれたり。

めっちゃ嬉しいです。予算をもらってる関係で月に1回は行事をやらなくちゃいけないんですけど。母の日とか、卓球大会とか。大変ながらも楽しい。みんな優しいんです。銀行員時代は常に競争してて、やってこい、とってこい、売上げ上げろだったのに、みんながあったかくて、ほっとする。だから、甘えすぎてはいけないなって」

—シフトを増やし、占いの個人鑑定や講座も行う。忙しくなりすぎて蕁麻疹が出てしまったが……

「昔っからつらいとか言いたくなくて。言ったら負け。大丈夫って気を張ってるんです。でも、結構なまけもの（笑）。ただ子どもたちと会うと癒されるんですよね。自分の子育て中は余裕がなくて苦しかったのに。だから不思議（笑）」

子育てに悩むお母さんに伝えたいこと

「最近不登校のお子さんを持つお母さんからの相談が多くて。あたし自身が小さな頃から生きづらさを抱えていたので、つらさが痛いほど分かる。まずお母さんに楽になってもらいたい、それだけです。実際に依頼されて、不登校のお子さんがいるお家に行ったこともあります。病院にもかかっている、学校にも相談してる、薬も飲んでいる、本人も行く気になるけど行けない……もうお母さんの最後の心の叫びですよね」

―こんな依頼にも、西洋占星術が役立つ

「いつ頃よくなるか、お子さんの特性と、時期的なものをみて、お母さんに肩の力抜いて楽になってって。その子の才能のありかとか、本人が自覚してなくて苦手だと思っていたことが、これからすごく伸びることだと本人にお伝えした瞬間、顔がかがやいて、そこで自分の潜在意識が変わると、顕在意識も変わって、どんどんいい方向に変わっていくんです。自分の長所を知って、時期を知れば変わるってことを伝えたいんです。人生は長い。生きていれば、晴れの日だけではなく、雨や嵐の日もある。占星術を学び、止まない雨はない、と知りました。今つらい方に、それを伝えたい。人生のよき伴走者でありたい。あたしはやります」

―それが占いの力なのだろう

「主人も同僚も親友もみんな、マリーちゃんならできるって応援してくれるんです」

占いのタブー

占いには3つのタブーがあります。
1、勝手に占ってはいけない
2、病気を占ってはいけない
3、生死を占ってはいけない
1は「よかれと思って」してしまいがちです。勝手に占って勝手に結果を出して、勝手に「あなたはこうなる」と決めつける……余計なお世話極まります。ただ、占い師の営業として、生年月日を公表しているタレントを勝手に占うのは、まあ、仕方ないでしょう。

病気を占えない根拠は明確です。法律で禁止されているからです。診断治療できるのは医師免許を持つ者だけです。占いで「腰痛」と診断したら法律違反なのです。腰が痛い原因はもしかして内臓の癌かもしれません。占い師に言われたからと、病院に行かずに手遅れになってしまったら大変なことになります。

実は昔は、占い師が病気診断もしていました。ルネサンス時期の占いテキストには、病名や死因が記してあります。当時は、庶民が医師に診てもらうのは難しかったのです。けれど今は違います。体調不良を占って欲しいと言われたら「法律で禁じられているので」と断りましょう。病気そのものは占えませんが、周辺の問題なら、占うことができます。セカンドオピニオン、お医者さんとの相性、治療を受ける際の家族の分担や金銭的なこと、慢性病との付き合い方や心の持ちようなど、占いが対応できる問題はいろいろあります。

生死を占ってはいけないというのも、現代ならではのタブーです。かつては重要な鑑定項目のひとつでした。医療の進歩にしたがって、占いが関われる領域が少しずつせばまっています。昔は運命に任せるしかなかった生死が、現代では、科学の進歩によって選べる領域になってきました。今、過渡期なのは、生殖医療です。昔は、子どもを授かるかどうかは運を天に任せるしかありませんでした。けれど、高度生殖医療が発達し、人為的に操作することができるようになってきました。今後は出産を占うこともタブーになっていくでしょう。

マンガ家
占い師

会社のパワハラ上司を分析して西洋占星術の勉強が
はかどりましたし、会社を辞めたことで
占い師になれたと思っています

マンガ家占い師 ―― 笑《え》夢《む》かぇる

静岡県出身。幼少の頃、某少女漫画の影響で星占いが好きになり、タロットカードにも親しむ。

少女漫画雑誌『なかよし』に中1から投稿。

2007年に『なかよし』から、少女漫画家デビュー。

またタロット漫画の構想を機に、独学で西洋を中心にさまざまな占術を習得。現在は漫画家のかたわら、占い師としてフロンティア占い館やメール鑑定で活躍。

占術

タロットカード、西洋占星術、ジオマンシー、ルーンなど

好きな時間

好きなアニメを流しながら、いつもより調子よく原稿に取り組んでいるとき

好きな言葉

為せば成る、為さねば成らぬ、何事も

「LINE マンガ」にて『死神 774』を週刊連載中　（火曜日無料配信）
URL― https://manga.line.me/product/periodic?id=Z0000448

小2でマンガ家になると決め、15歳で入賞

―ものすごい勢いの早口で話す

「地元は静岡です。小2のとき耳鼻科の待合室で読んだ『小さな恋の物語』（学研）という4コマが面白くて、マンガ家になるって決めました。ちょうど小4でセーラームーンのアニメがはじまったのもあって、『なかよし』（講談社）でデビューしようって。中1で投稿をはじめました。高校に入ってから入賞するようになって。当時15歳で入賞ってなかなかなかなかったんですけど。でも高校のときは、マンガそっちのけでビジュアル系バンドにはまってたので、ライブ行くお金ないからマンガ描くかって感じでした（笑）。賞金が入るので」

―高校を卒業して上京し、大学では文学部に

「大学の1年は飲みまくり遊びまくり（笑）。大学3年のときに一日漫画教室に行って、やる気が出てから、またちゃんと投稿を再開して、合宿みたいな感じで週に一度漫画仲間の誰かの家に泊まり込んでマンガを描いてましたね」

―この頃はじめて人に占ってもらう

「マンガに煮詰まったときとかは占いに行きました。当時よく言われたのが、37歳で大ブレイクって。当時は20歳すぎくらいだったんですけど、マジかよって（笑）。でもその頃はあんまり信じてなかったです」

―大学を卒業して普通のＯＬになったが……

「いろいろあって1年半で辞めて、静岡の実家に帰ったんです。完全ニートで、失業保険をもらいながら気合いの一作を描いたのがデビュー作になったんです。デビューは決まったし、東京に戻ってこれたし、遠距離恋愛の彼と結婚したし、今までの努力がすべて実を結んで社会的キャリアが最高潮で表舞台で大活躍っていう、占いでも最高の星回りでした」

マンガもスランプ、私生活も……

―ところが、そこから先が長かった

「最初の2年は企画が全く通らなくて……その後、ぽつぽつ読み切りが掲載されるようになりました。でもなかなか本誌連載はとれなくて。他の先生のアシスタントをしながら、たまに自分の作品を描く日々でした。そうこうするうちにスランプになっ

ちゃったんです。自分のマンガが描けないのに、人のところで描いてる場合かって。それでOLをやってたほうがよかったって思って、30歳のとき、ゲーム会社に入ったんです。ちょうどその頃、離婚も考えていて」

―結婚生活も5年で終了し、背水の陣でマンガに取り組んだ

「マンガの新しい担当さんがすごい熱心な新人編集さんで、これを最後にがんばってダメだったら辞めようって思ってました。それが通ったんです、タロットマンガ。そのころから児童書のイラストの仕事もするようになって。ただ、それだけだと食べていけないから会社員も続けていました。朝の9時から22時まで会社で働いて、帰ってから仮眠を3時間くらいとって、夜中に漫画を描いてました。でも転職した二つ目のゲーム会社でマイルドパワハラに遭いまして。どうしようって、新橋で飲んだくれて」

―勉強しはじめた西洋占星術で、自分で占ってみた

「パワハラ上司が蟹座であたしが蠍座。相性がいいはずなのに合わないのはなんでだろうって。でも蟹座って基本的に身内びいきで、内と外を線引きして、内側に入ったら命がけで守ってくれるんですよね。上司はあたしに対して敵対心を持ってるから、蟹座の内側ゾーンに入れない。一生このままなんだって思って」

―リアルな人物観察から、西洋占星術の勉強が俄然面白くなった

「だったら占い師になっちゃおうかなって。そんなレベルで占い師になろうなんて自分、なめくさってました（笑）」

会社を辞めて、占い師になり、予言の年になった

―背中を押してくれたのは再結成したＬＵＮＡ ＳＥＡ

「超久しぶりにライブを見たらめっちゃ楽しそうで、あたしも楽しく生きようって思って。この次に上司がパワハラしてきたら会社辞めようって考えて、結局辞めました（笑）。一日家にいられるようになったので、東洋占術家の大石先生の占い番組をYouTubeで一気に一年分くらい見て。それで、脱サラした1ヶ月後くらいに占いの館に面接に行ってデビューして働きはじめました」

―それから占いとマンガ家の兼業になった

「ありがたいことにＬＩＮＥマンガで原作付き連載がはじまったんです。一コマずつ縦スクロールのＬＩＮＥマンガなんですけど。ふつうのマンガとは描き方が異なるので、慣れなくて大変でした。おまけにオールカラー。死にます（笑）。ただ、目に触れてもらう機会は増えますよね」

—原作付き連載が好評で、今年からオリジナル連載をすることになった。奇しくも大学時代に占いで予言された年だ

「あたし今年37なんです、ついに（笑）。普通の人は2、3年芽が出なかったら辞めるんですよ。辞めるかすごいちっちゃいところで細々やるか同人誌に行くか。そう考えるとあたし、よくやってんなと思いますよ」

マンガ家と占い師の仕事のバランスは

「マンガに専念するため半年以上占いの仕事をストップしていた時期がありました。でも、占いの仕事って、一度離れるとリピーターさんが戻ってくるのに時間がかかるんですよ。常に新規さんをみていれば、何ヶ月後かにリピーターさんになってもらえるので半々でいられるんですけど、休んで新規をみていない期間があるとリピーターさんも来ないので。それからは必ず、占いもどこかでレギュラー出演しながらマンガを描いてます」

—マンガ創作と占いの共通点は？

「ないかも。マンガと占いで、多分頭の使ってるところが違う気がします。マンガモー

ドの日に占いの仕事が入ってくると、うれしいけれど予定調整が発生してしまうんですよね。今日めっちゃ原稿描けそうっていうときに、メール鑑定の仕事が入ると、いったん流れを全部ぶった切ってやらなきゃいけないので。逆に占いモードになると、占いをしているのが楽しくなっちゃって、お客さんの鑑定したあとに、自分のもみちゃったりとか、占いハイ状態に（笑）。そうすると今度は原稿そっちのけ。会社行ってるときにはオンオフきっちりしてたんですけど、今は家で占いもマンガを描くのもしてるので。切り替えがちょっと難しいですね」

—両方続けていきたいと思っている

「マンガの仕事がいっぱいいっぱいでヤバかったことがあって。編集さんからの『靴ヒモが描いてない』とか超細かいツッコミに、下絵なんだからそんなの後でいいじゃん！　ってすごいちっちゃいことでイライラして。でもそのときは、占いがすごく楽しくて、占いがあったからスランプも立ち直れたっていうか。逆に占いがスランプになったときはマンガがあったし。どっちかがしんどいときに、どっちかが支えになってくれるのは大きいですね」

起きてるときは24時間仕事中

「占いってやっぱり楽しいんですよね。運気と過去の出来事を照らし合わせるのが好きなんですけど、その出来事を説明できるから、じぶんも納得できる。あと、お客さんと一緒に占っていくのが楽しい。悩みに対する答にドンピシャのカードが出たときに、『めっちゃそうです！』って盛り上がったり。お客さんと正解を二人で探していく感じが楽しくて」

―ただ兼業はやはり、体力的にはしんどい

「体調管理はひたすら寝ます。睡眠取ってないと頭回らないんで。たとえば頭回ってない状態で、〆切まで6時間しかなかったら、3時間仮眠して、残り3時間で描きます。最近千円のユンケルに手を出してしまいまして（笑）。すっごい効きますね。一口飲んだだけで全身がカーッとして。一体何が入ってるんだって思うんですけど（笑）」

―マンガが描けるかぎり描き続ける

「正直、マンガはいつか描けなくなると思うんですね。年齢を重ねるほど、自分が新しい感覚についていけなくなる不安もあるし、体力勝負だし。でも占いなら年取れば年取るほど、貫禄が出てくるから。そうすると、セカンドキャリアは占い一本になるのかなと。占い師は死ぬ直前までできるから」

ギャンブルで当てる方法

未来を当てるのが占い師の仕事です。映画『バックトゥザフューチャー2』では、未来から年鑑を持ち帰った登場人物が、スポーツ賭博で大金持ちになります。占い師も、どの株が上がるのか分かるのなら大金持ちになれますね。実際に昔からギャンブル占いというジャンルがあり、株の動きを占星術から読み解こうと研究している占い師もいます。

ただ、これもまた昔から占い師の間で言われることですが、「馬券を買っていないときは当たるのに、買うと当たらない」のです。ただの言い逃れではなく、そうなる理由があるようです。

当てるには、完全な平常心で行わなくてはなりません。過剰な期待も悲観も、精度を下げてしまいます。中でも、一番心を乱すのが、赤裸々な「欲望」です。馬券をにぎりしめて「儲けたい」と1ミリも思わずに、完全なる平常心で占いができるでしょうか？　占い師も人間ですから難しいのです。だからこそ、馬券を買っていないとき、つまり勝っても負けても自分に関係ないときに限って、大穴を当てたりするのです。

ギャンブルで当てる方法、それは「お金を賭けない」ことです。

また個人的には、占うための直観を働かせる脳の部位と、利益について現実的に考える働きの部位が、両立しにくいのではないかとにらんでいます。儲けたいと思うことが悪いとは決して思いませんし、利益について考えることも大事なことだと思います。ただ、そういった思考が活性化すると、繊細な予兆をキャッチする占い脳の働きが抑制されてしまうのでしょう。

世のため人のためと思って活動していた占い師が、当たると評判が高まり大金を手にするようになってから、なぜか当たらなくなったという、教訓話のような例も聞きます。

占い師は清貧であるべきなどとは思いません。地道にお客様のための占いを続けていけば、評判も高まり、自然と入るお金も増えてきます。誠実に仕事をしていればお金はあとからついてきます。

電車運転士占い師

占いを続ける理由は、誰のために、何のために。
そんなことをぐるぐると考える日々です

電車運転士占い師——**米田《よねだ》モハ**

これまでアルバイトの期間が長く、市役所臨時職員、郵便局窓口、スーパーのレジ、飲食店、アンケート調査などを転々とする。フリーター時代に電車運転手募集の張り紙を見て即応募。現在日本の西エリアにて、電車運転士として働いている。転職するかどうか悩んでいたとき占いに関心を持ち、本業のかたわら自ら占いを行うようになる。ももいろクローバーZの大ファン。

占術

タロット、ルノルマンカード

好きな時間

神社の境内などで過ごすとき
夜明けや夕暮れを眺めているとき

好きな言葉

情けは人のためならず

占いには、はまらなかった

「小さい頃から電車が好きで。電車自体ってわけじゃなくて、運転士さんが好きだったんです。電車に乗ると最前席にかじりついて。多分、運転士は、おっさんですよ。おっさんが電車同士すれ違うときに、ブスッとしてるけど手を上げて『ありがと』みたいなのが（笑）」

―無愛想な運転士にときめく少女は、普段はインドア派で、ゲームっ子だった

「ファミコンブームで。もうずっとゲーム。マンガとか。オタクだったんですよ。今でもあんまり変わらないですけど。ファンタジーも好きで。本を読みあさったりとか。白魔術、黒魔術の本も。でも海外の作品だと材料にムリがあるんですよね。日本にいると（笑）」

―高校生の頃、タロットカードも買ってみたが……

「そのときぐっと入りこまなかったのも、そういうタイミングだったんだって思いますね。高校生の頃なんて、ぜんぜんもう時期尚早だったんでしょうね。お前はまだムリだって」

運転士募集の張り紙を見て即、応募

──高卒でフリーターになってからは、電車運転士になりたかったことは忘れていた

「選択肢になかったですね。ビジュアル系の追っかけをしていたので、就職せずにバイト掛け持ちしまくって。そこで就職を一回しまして。建築、鉄鋼会社。ひとつも分かんない、全く分かんない。パワハラもありました。それで精神的にダメになっちゃって辞めて。今度は生命保健の営業になったんですけど。そこでもまたやっぱダメだった。毎日毎日神社に寄って、今日は契約取れますようにって」

──再びパワハラもあり精神的にもギリギリで、毎週実家に帰っていた

「電車で帰るんですけど。電車の中に張り紙がありまして。『電車運転士募集、お気軽にお声かけください』って。募集には性別が書かれてなかったんです。なおかつ、そのときって、男女雇用均等法ができたところで、『これはいけるわ!』と。生保に辞表出して、その後採用されまして。研修では座学があったんですけど、電車の構造とか、全然分かんねえって。でも。やってたら分かるんですよ。ある日突然。あーこりゃ面白いなって思って。勉強するのもいいもんだなって」

—電車運転士になってしばらくして、ももいろクローバーZのファンに

「紫の、れにちゃんのブログを見て、この子すごくがんばってるなって。親戚のおばちゃん目線ですね。そっからテレビでも見はじめました」

—その頃、違和感に気づいて病院に行って、乳がんが見つかった

「初期だったので、すぐ手術したんですけど。偶然、ももクロさんのライブのチケットが取れたんですよ。主人が取ってくれたんですけど。退院したすぐあとくらいだったので、野外ライブはちょっと……で、チケット見たら、最前列だったので『行きます！』って（笑）。でも手術のあとだから痛くて飛べなくって（笑）」

何年かおきに、電車運転士を辞めたいという波が来る

「最初はすっごい一生懸命だからもう、周りも見ずにひたすらがんばってるんですよ。でもふと周りを見はじめると不満もあるし、改善して欲しいところもあるし」

—そんなとき、パン職人の求人に心がゆれる

「パンが大好きなので。知り合いからどう、ってすすめられて。で、占ってもらいに行ったんですよ。そしたら、まあ、今はちょっと転職の時期じゃないんじゃないか。今の

仕事を続けてもいいと思うよと。で、また辞めたい波が来まして。何年かごしの（笑）。もう本気で辞めたいという話を友達にしてたんです」

―その友達が占いをする人だった

「友達が『あんた、ルノルマンって知ってる?』、『いや聞いたことない』からの、『こんなカードがあってね、やってみる?』って。それがすっごく、なんかこう、当たってたし、心をつかまれた。こんなカードあるんだ！　あたしもやりたいって」

―そのときの占いの結果は副業をすすめるものだった

「『今の仕事はとりあえず続けなさい』からの『副業かなんかやってみたら』。そこで出たのが『人の話を聞くこと、人のためになること、相談を受けたりとか、献身的なことをしなさい』でした。その流れから、『タロットで占いでもやってみたら』と」

友達兼師匠が、占いを教えてくれた

―モハという名前を付けてくれたのも師匠

「モハという名前も紆余曲折あって。最初は百葉（モモハ）という名前になるはずだったんです。ももクロさんが好きなので。ももクロ＝四つ葉。四つ葉だとそのままなので、百の葉にしようかと、師匠に言ったら。『んー、読みはね、モハ！』。は!? なんでやねん！　って（笑）」

―モハとはモーターが付いた普通電車のことだ。師匠は電車好きだった

「モハかよ……って。でも意外となじんじゃって（笑）。覚えてもらいやすいし、インパクトもあるかなって。師匠は人生の先輩みたいなものなので。妹のように思ってくれていて。ありがたいです。きっかけも副業ってことだったから、稼げる方法とか考えてくれるんですけど……まだすいません、そこまでは」

―占いでお金を稼ぐことに迷いがある

「かっこいいこと言うようですけど、稼ぐことに重みを置いていないのは、副業だから。そりゃお金もらえたらいいに決まってるんですけど、それって心を置いてってるんじゃないかなって気もするし。占いはツイッターのダイレクトメールで受けていて、最初のうちはワンコインだったんですけど、今はちょっと試してみようって、お気持ち払いで満足度に応じてってことにしてるんです」

―有料で占いをはじめたのは、2019年4月からだ。まだ鑑定数自体が少ない

「100人を目標にしてるんですけど。まだ自分の中で売りがないので、100人くらい鑑定したらなんか見えてくるかなって」

休日は神社に行って報告をする

「お見守りください、と、お力添えをお願いします、今自分はこういうことをしていますって報告してますね。お参りの仕方が変わったのは、占いをはじめてからかな」

—あるとき、不思議な気づきがあった

「結婚して実家を出て、神社の近くに引っ越したんですけど、いろんなことを考えたら、ここに来るのは、必然だったみたいな、神様の近くに呼んでもらったみたいなことが自分の中で分かって。自分の中ではっきり、なんていうか、つじつまがあって。ああ、そうなんだ、ありがとうございますって。たまになんですけど氏神様に、お酒を持って行ったりとかします。昔なんて、お供えとか考えたこともなかったですよ。ただ行ってお賽銭入れてお願いして帰るだけで。でも、いい大人になってからでも気づけたのはよかったなって」

電車運転士も占い師も、人に感謝される仕事

「この間、ちっちゃいお客さんから、ラブレターもらいました（笑）。『おねえちゃん、大好き』って。小学校1年生の子が、電車のお客様アンケートの紙に書いてくれたんです。むちゃくちゃ嬉しかったです。電車以外の仕事は、もうないんじゃないかと。パン屋さんにはそうとう惹かれましたけど（笑）。いろんな人に助けてもらって今があるので、占いをすることで、もらったものを返していけたらいいなって思ってます」

―特に宣伝もしていないのに、占いを依頼してくれる人がいることが、ありがたい

「電車の免許持ってる人からの依頼があったら、ただにしようとか、そんなしようもないこと考えたりしますけどね。ツイッターでは本当にたいしたことを言っていないのに、依頼してくれる人がいるのも、すごい不思議ですね。もっとキラキラした、鑑定歴何年、鑑定人数何千人っていう人のほうがいいじゃないですか」

―逆に自然体で地に足が付いているところがいいのかもしれない

「米田の母か、モハの母とでも名乗れるくらいに（笑）。占いもずっとやっていきたいし、運転士は視力とか考えると定年までは難しいんですけど、できるだけ長く続けていきたいなと思っています」

劇薬指定の占い

取扱注意の劇薬指定の占いとは、「霊感占い」です。

何も使わず何も見ず、霊感……不思議な感覚だけを使って、ズバリ真実を言い当てる霊感占い。占い否定派だった人が180度転換して占い信者になってしまうこともあるほど、その力は絶大です……が、大きな問題もあります。

業界の打ち明け話をしますと、実は大手占い館の多くは「霊感占い師」を雇いません。トラブルの元になるからです。ところが、タロットなど普通の占いに、「霊感タロット」と霊感という言葉を付けてあるのを見かけます。霊感が直観の一種なら、大なり小なりすべての占い師が必ず霊感を使っています。タロットなどインスピレーションを用いる占いだけでなく、占星術や四柱推命など生年月日を用いる占いでもです。それをあえて「霊感」と付けているのですから、この言葉にはよっぽど人を惹きつける力があるのです。

霊感が取扱注意なのは、あるのかないのか、なぜそういう結果になるのかを、誰も説明も証明もできないからです。占いなら、占いのロジックに従ってこういう結果が出たと説明することができます。けれど、霊感占いでは「真実」なのか、「幻覚」か「夢」か、場合によっては「ウソ」なのかさえ、誰にも、使っている本人にさえ、判別できないのです。大手占い館が霊感だけの占い師を採用しないのはそのためです。

そして霊感だけの占いは、占う本人の精神を損なう可能性がある危険物でもあります。本書にも霊感占いをしていた占い師さんが登場しますが、全員占いを習得し、占い師として活動されています。霊感だけに頼る怖さや危険を、実感しているからです。一般の人の感覚だと、「占いの道具」を使う占い師よりも、何も使わないで当てる霊感占い師のほうがすごいと思いがちですが、実は逆なのです。

それでも、霊感のみの占い師さんにみてもらいたいと思うのならば、あとは「自己責任」でお願いいたします。取扱注意の劇薬指定ですから、何があっても保障はできません。

ビューティーアドバイザー
占い師

「10代の頃に戻りたい」という言葉には全く共感できず、
20歳を超えてからようやく人生が自由だと
感じるようになりました

ビューティーアドバイザー占い師 —— MaiA《まいあ》

9歳の頃からタロットリーディングをはじめる。中学生から周りの人や母の知人などを占っていた。アキバ系アイドル、コスプレ店員などの仕事と並行して占いを続け、現在鑑定をはじめて10年。今注目の占い師。美容部員としての経験を生かした開運メイクやファッションも手がけている。

占術

西洋占星術、裏数秘術、タロット、
カラー診断など

好きな時間

お風呂でぼーっと湯船に浸かっているとき
猫を撫でているとき

好きな言葉

魚の目に水見えず、人の目に空見えず

Twitter —— @MaiAcatam
Blog —— https://ameblo.jp/maiaharukami/

アイドル活動は想いのエネルギーのやりとり

「一番はじめに占いにふれたのは、小学校の低学年のとき。母が占いをしてたんですね。占い嫌いの父に隠れて、床にカードを並べてるのを見て。『何やってるの？　それきれい、欲しい』って。その後、おばあちゃんに、タロットカードを買ってもらって、『わたしが占ってあげる、カード持ってるから』って母のことを占ったんです。それが当たったのか、母の職場の人たちの悩みも占うようになって。中学の頃はもう家族以外の人のことを占っていて。喫茶店で占って、お菓子を買ってもらってました」

―17歳で地下アイドルになった

「4歳くらいの頃の夢がアイドルだったんですね。なので、自分がアイドルができる年齢まではやりたいなと。ライブでボーカルをして。楽しかったですね。しんどいこともちろんあったんですけど。結局あれって、想いのエネルギーのやりとりだったんだって。エネルギーを自分の声とか動きとか熱量に乗せて、お客さんからも返ってくるって感覚。すごく、いい空間でした。そのときに隙間の時間でバイトをやらなきゃいけないので、メイドとかもやっていたんですけど。わたしができる仕事で稼げるも

のってなんだろうって考えたときに、占いならいつでもできるって思って占いの館に入ったのが、プロとして占いをはじめたきっかけでした。それが24歳です」

占いもビューティーアドバイザーも、その人が前を向くために提案する仕事

―26歳でタレント活動を卒業したとき、自分が本当にやりたいことは何か考えた

「もともと化粧品がすごく好きで。自分でリップクリームを作ったり、ファンデーションも乳鉢で調合して色を作ったりしてたので。何でできているのか素材も気になって、通販で素材を買ってチークを作ったりとか。こんなに化粧品好きなら、占いと組み合わせて開運メイクとかやりたいなって思ったんですよ。わたしを一番支えてくれたのは化粧品なので。ストレスがすごかったときに、ドラッグストアに毎日通ってたんですよ。出ているつけまつげとか全部把握してました。『何シリーズの何番でしょ』、『なんで分かるの、キモ』って友達に気持ち悪がられて（笑）。たぶん化粧品のきらめきに救われてたと思うんですね」

―占いとメイクを組み合わせれば可能性が広がる

「化粧品を探しに来る人って、悩みがある人が多いんです。たとえば顔の怪我の痕がくすんでいたりしたら、じゃあ、反対色のこの色を入れたら打ち消して綺麗にお化粧できますよとか。すごく喜んでくれるんですよね。何のために綺麗になりたいかっていうのも、旦那さんにもう一度好きになってもらいたいとか。来週の旅行を楽しく過ごしたいとか。何かしらの要望があって、それに応えていくお仕事だと思うんです。占いを使って解決していくか、化粧品を提案していくか、どっちも、その人が前を向くために提案する仕事だと思っていて」

—人相のメソッドに最新の流行色やメイク方法を組み合わせたりもする

「性格がキツそうに思われがちな人には、眉に色を入れると温かみのある人に見られますよとか。あとはたとえば就職の面接だったら、受けるところが求めている人柄を占って、柔和な調整役が求められている場合は、あまり主張のないメーク。数字に強いデキる人を求めているなら、ネイビーを効かせたキリッとしたメイクがいいとか」

—自分を救ってくれた化粧で、今は相談者を救っている

占いはひとつの判断材料

「みんな、運命の相手を待ちすぎてるって思うんですよね。運命もあるとは思うんですよ。でも別々に何十年生きてきた人間だから、そのときの価値観が一致しているかどうかはまた別だと思いますし、違うタイミングだったらうまくいったかもしれないし。自分の生まれ持った性能として引き合う人がいても、そこから相手を運命の人にしていくかは自分次第、素質はあるくらいに思っていたほうがいいと思うんですよ」

―占いが運命を決めるわけではない

「だって結局自分が選ばなかったら、運命の人じゃないじゃないですか。占い師って、ある程度の作戦会議をする相手、くらいの感覚でいいと思うんです。相性だって、いいところもあれば悪いところもあって、違う人間なんだから違う価値観で当然で。大事なのは、その人に対して愛情を持てるかどうか」

―敬虔な使徒のように占いを信じすぎる友人に、突っ込むときもある

「いい加減、星で恋愛すんの止めなよ！　って（笑）。いくら星がよくてもね。お互い成長していく人間なので」

できる自分、できない自分も認められるようになった

「自分のこと……好きかなあ……わたしの人生はわたしの視点でしか動かないので。たとえば自分たちがそれぞれ違うカメラの機種だとして。そっちのほうが鮮やかに見えそうだなとか、いろいろあると思うんですけど、与えられた機体を手入れして、自分なりの味のある光景を写せるのであればそのほうがいいと思うので。わたしも人よりできるところ、できないところもあると思うんですけど、それも味かなって思ってます」

―人に対して嫌いと思うことがない

「ムカつくときもあるけど、それはその出来事に対してで、その人に対してムカついているのではないので。自分自身に対しても同じです。自分ができなくてもそういうタイミングだったのかな、とか味かなとか」

―自分自身も成長して、変わった

「変わりましたね。一番大きかったのは父の影響なので。思い出したくもないようなひどいことを言われてきて、今でもつらい感情に囚われることはあるんですね。誰か

とケンカしたときに、自分が悪いんじゃないかと過剰に思っちゃうときとか、わたしの存在ってなんの役にも立っていないんじゃないかとか」

—そんな自分を、占いを通して出会った人たちが救ってくれた

占いの力……ある相談者さんの話

「お母さんとの今までの関係にとても傷ついていて、何年も仲違いをしてしまっていた相談者さんがいたんですけど。わたしは気持ちをみるのが得意だから、どっちもお互いをすごく気にしているのが分かって。あるとき、お母さんとおばあちゃんと旅行に行かなくちゃならなくなって、どう過ごしたらいいか分からないって相談にきたんです」

—不安な面持ちで相談に来た彼女に、シンプルなアドバイスをした

「自動販売機で買った飲み物を、お母さんに渡しながら、『足もと、気をつけてね』ってだけ言ってくださいって伝えたんですよ。それならば、できますよねって。そしたら、本当に仲直りできたんです！　そのあとお母さんもすごく優しくなって、素直になれて、たくさんお話ができたって。もう本当によかったと思うし。なんなら、わた

しが生きててよかったと思えるくらい」

―些細なことをきっかけに、状況がいい方向に向かう

「できることとできないことがあるんですよ。だから、その人の状況を占って、そのときにできる最善のことを提案するのが大事だと思っていて。わたしが言っても、その人がやってくれなかったら何もならないんですけど、すごく共同作業のような気がしていて、それが一致した瞬間は本当に幸せを感じます」

―この占いのあと、相談者がわざわざ報告に来てくれた

「何年も来てくださっているお客様とかも、みんなわたしに、救われました、ありがとうございますって言ってくれるんですけど、それでわたしが救われてるので。みなさんが自信を取り戻させてくれたんです。少しでも前向きな気持ちになれるいい働きができて『よかったじゃん自分』って」

―ずっと占いを辞めようと思っていた

「もう。すきあらば辞めようって。猫カフェで働いたりとかもしてたんですよ。それでも今まで続けてこれて。自分が占いに救われたというよりは、わたしが関わる事ができた人たちに救われたと思うんですね。人生捨てたもんじゃないなって」

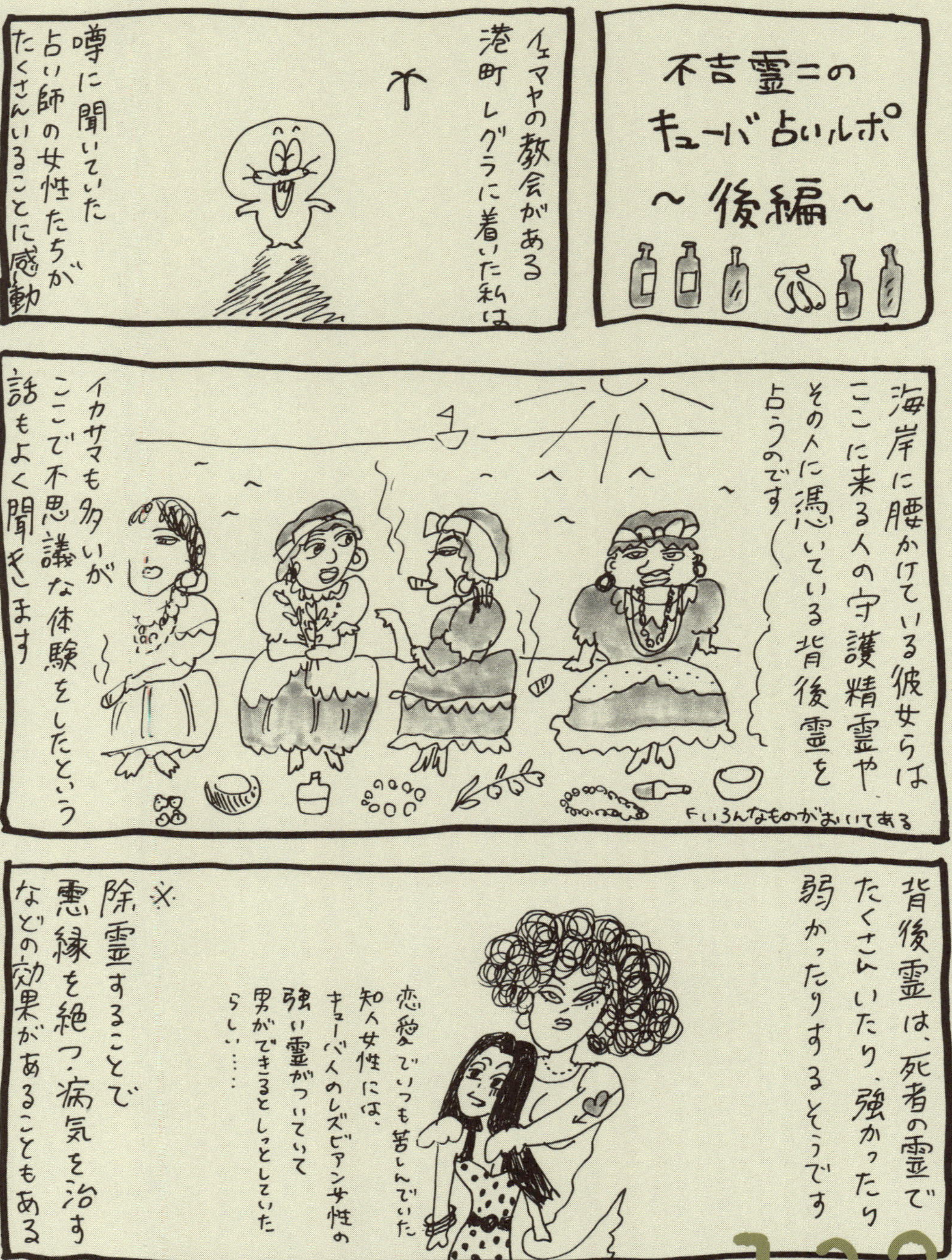

不吉霊二の
キューバ占いルポ
～後編～
イェマヤの教会がある港町レグラに着いた私は
噂に聞いていた占い師の女性たちがたくさんいることに感動
海岸に腰かけている彼女らはここに来る人の守護精霊やその人に憑いている背後霊を占うのです
イカサマも多いがここで不思議な体験をしたという話もよく聞きます
←いろんなものがおいてある
背後霊は、死者の霊でたくさんいたり、強かったり弱かったりするそうです
恋愛でいつも苦しんでいた知人女性には、キューバ人のレズビアン女性の強い霊がついていて男ができるとしっとしていたらしい……
※除霊することで悪縁を絶つ・病気を治すなどの効果があることもある

133

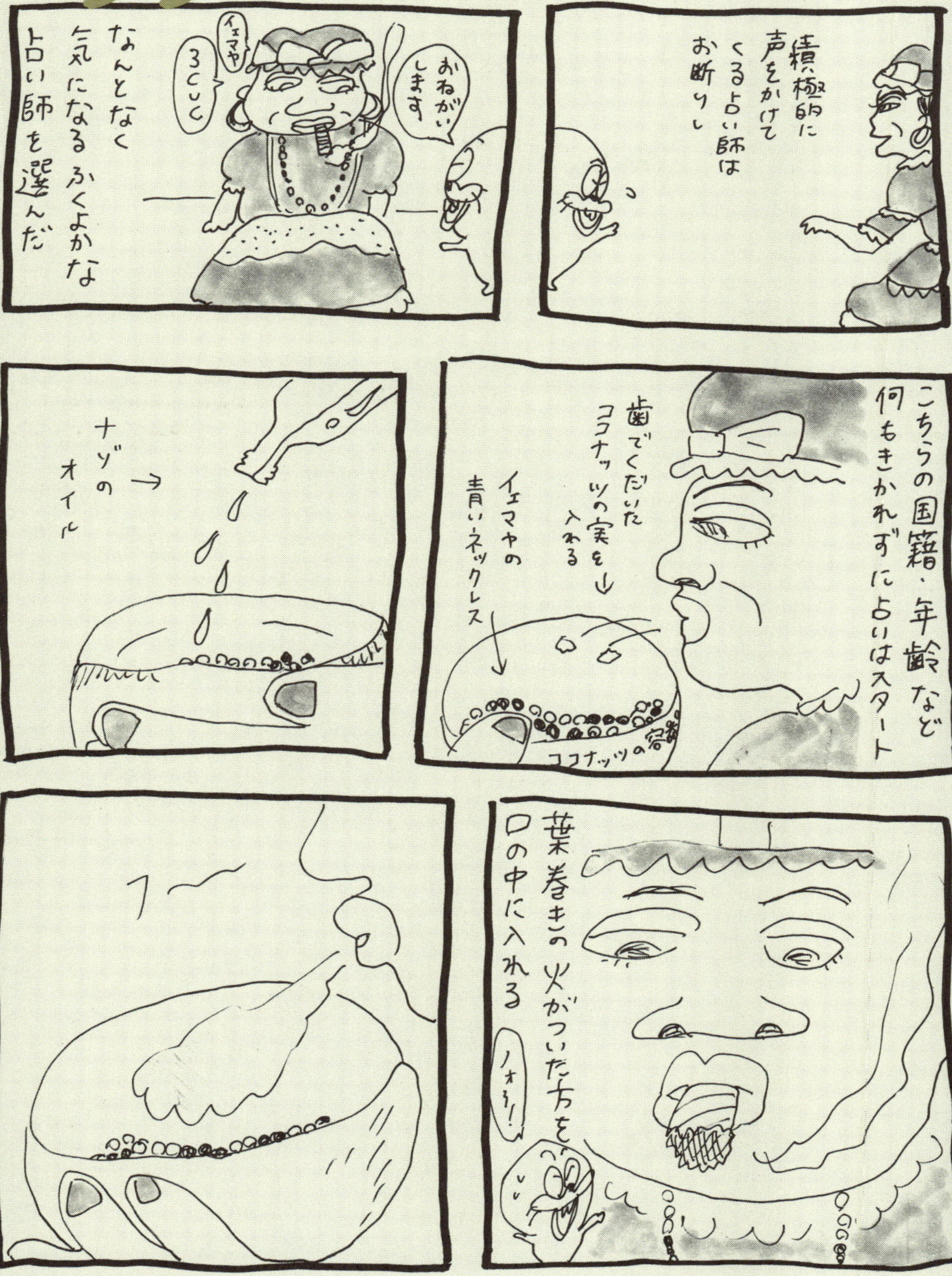

積極的に声をかけてくる占い師はお断りし
おねがいします
イェマヤ
3CUC
なんとなく気になるふくよかな占い師を選んだ
こちらの国籍・年齢など何もきかれずに占いはスタート
歯でくだいたココナッツの実を入れる
イェマヤの青いネックレス
ココナッツの容器
ナゾのオイル
葉巻きの火がついた方を口の中に入れる
ノォ~!
フ~

ブツブツ
あ
めずらしい…あなたの守護霊はあなたと同じ国で生きてた人
日本か中国かしらんけど……
すごく強い霊…刃を持っている兵士…?
でもなにこれ?
人を殺す刀ではない
ダラダラ汗をかきはじめた
男…、背が高く浅黒・目が大きくて黒い…
この刀はバンブー?手に持っている

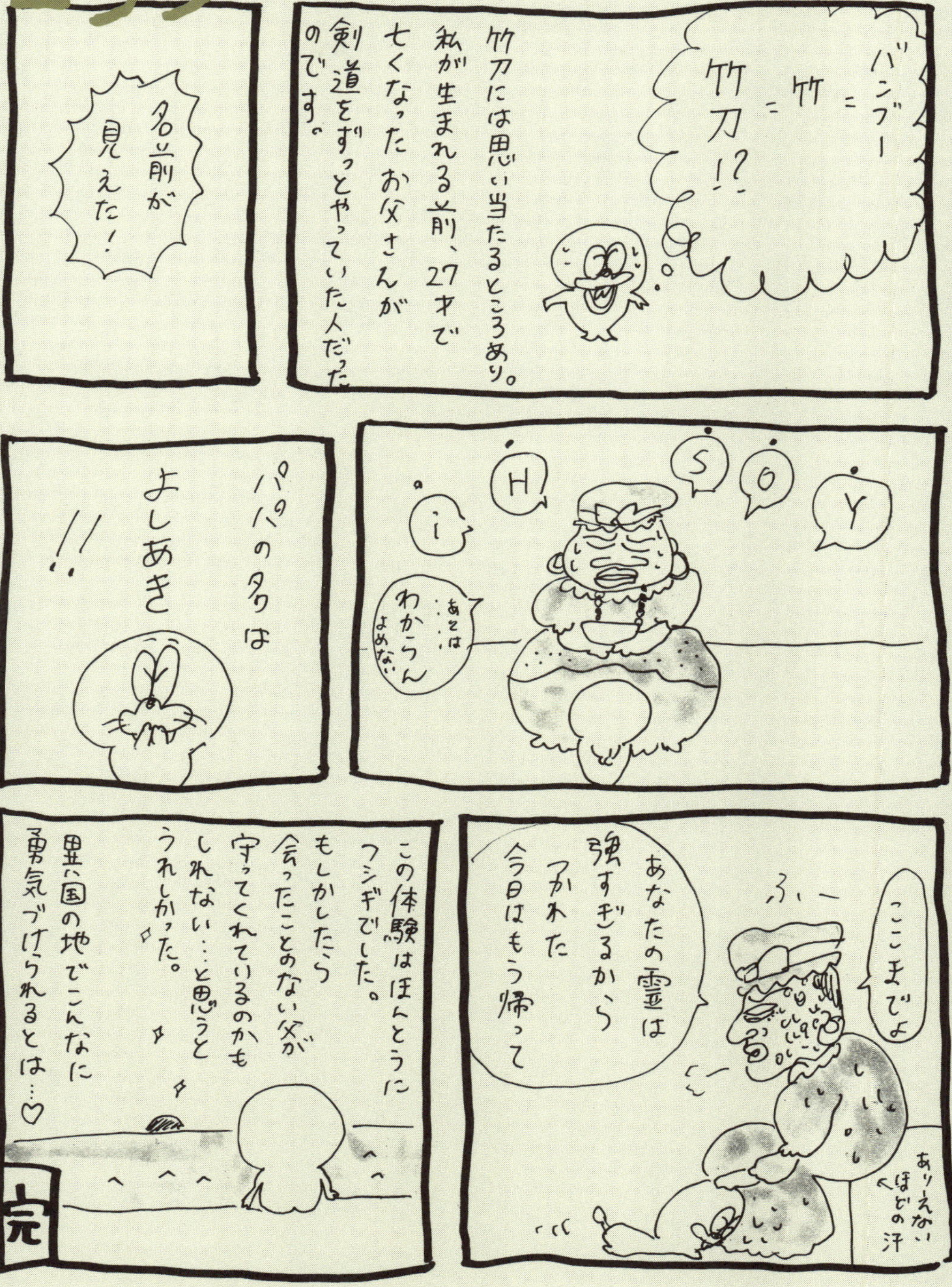
バンブー＝竹＝竹刀!?
竹刀には思い当たるところあり。私が生まれる前、27才で亡くなったお父さんが剣道をずっとやっていた人だったのです。
名前が見えた！
i
H
S
O
Y
わからん
あとは よめない
パパの名は
よしあき
!!
ここまでよ
ふー
あなたの霊は強すぎるから
つかれた
今日はもう帰って
ありえないほどの汗
この体験はほんとうにフシギでした。
もしかしたら会ったことのない父が守ってくれているのかもしれない…と思うとうれしかった。
異国の地でこんなに勇気づけられるとは…♡
完

占い師は霊能者ではありません

一般の認識としては「占い師も霊能者もいっしょ」と思います。事実、占い業界もかつてはそうでした。けれど、平成30年に交付された霊感商法を防ぐための消費者契約法改正に連動して、占い業界でも「占い」とそれ以外を区別するようになってきています。消費者契約法では、「霊感その他の合理的に実証することが困難な特別な能力」による契約の取り消しが認められることになりました。霊感と特別な能力とは「超自然的な現象を実現する能力」「いわゆる超能力」と説明されています。

ここには、「占い」は含まれていません。

占い師は適当に思いついたことを言っているわけではなく、西洋占星術や四柱推命やタロットなどの、それぞれ歴史を持つ占い体系から結果を導き出しています。「その根拠は？」と聞かれれば、まっとうな占い師なら、きちんと答えることができます。

とはいえ、わたし自身も占いをする際には、いわゆる消費者庁の言うところの「霊感も」使っていますし、おそらくすべての占い師がそうでしょう。けれどこれからは「霊感だけ」ではNGなのです。背景となる体系を持たない霊感は、根拠も理由も説明できません。「ウソを言っているのか」「本物の霊感（があるとして）なのか」が、誰にも、場合によっては本人にも区別できないのです。霊感や霊現象、超常現象を全否定するのではありませんが、「どうやっても真贋を判別できない」ものの売り買いには慎重にならざるをえないのです。

それともうひとつ、占い体系は、長く使われてきただけに、占い師のミスや勘違い、思い込みを避けることができるうまい仕組みがあります。ところが、霊感は、本人の能力に頼るしかありません。本人がいい人か悪い人かに関係なく、善良な霊感占い師が、とてつもない風評被害をもたらしてしまうこともあります。

霊感を磨きつつ、王道の占いをしっかり学ぶ占い師さんが増えるのは、業界のためにもよいことと思います。

特別支援学級
教員占い師

子どもの頃から周囲と感覚や考えが違うことが多く、
それを口にする度に「失敗した」と感じてきました

特別支援学級教員占い師 ── 葵《き》翠《み》花《か》

中学時代、西洋占星術の本との出会いで占いの世界に入る。大学時代は、東洋の思想にも興味を抱き、四柱推命を学ぶ。無料鑑定で実践を積み、研究を重ね技術を磨く。美術大学卒業後、高校や養護学校の教職に就く。現在は、特別支援学級補助教員のかたわら占い師として従事。電話・対面・メール鑑定、Web や紙面での執筆など活躍の場は多岐にわたっている。

占術

タロット、西洋占星術、九星術、
四柱推命、ダウジング

好きな時間

落ち着くカフェでひとりゆっくりしているとき

好きな言葉

共感、創意

公式サイト ― http://comet.a.la9.jp/

過食症と交通事故が、運命を考えるきっかけに

「本当に小さい頃から、変わってる、変わってるって言われたんです。でも自分では何が変わってるのか分からない。要するに人と言ってることが違う、発想が違うらしかったんですけど。でもそんなに変わってるんだったら、芸大に行ったら自分を活かせるんじゃないかと。変わってることが普通と思われるかなって」

―名古屋で生まれ育ち、京都の芸大に入った

「まず関西弁に全然慣れなくて。言ってることは分かるんだけど、ノリについていけない。『なんなん、あんた』みたいな。気にしすぎだったのかもしれないんですけど。課題とかはこなしてたんだけど、コミュニケーションがうまくできなくて。女の子が多いの、特に専攻の陶芸は。女子ノリが怖いっていうか。陶芸って夜中まで残って窯を見てたりするんですよ。仮眠室みたいなところがあるんですけど、そこで女の子たちが集まって悪口大会みたいになってて。怖くて寝たふりしてた。みんながそういうわけじゃないから、あたしが気にしすぎだと思うんだけれど。上手くコミュニケーションできなかったっていうか。いろいろ溜めちゃったのかな。結局過食症になっちゃっ

たんです」

—まだあまり過食症が知られていなかった頃だ

「自分でもこれがどういう症状なのかも分からなかった。とにかく食べて。なんか入れちゃう。入れてるときだけが気持ちが落ち着くって感じで。あたしこのまま一生ずっと食べ物のこと考えて生きていくのかな、なんて思ってました。入学してから徐々に気づいたら体重が10キロ以上増えてて、あたしこんなんじゃまずいなって思ってたんですけど」

—そんな矢先、大学2年生の冬に交通事故に遭う

「半年くらい入院しました。車にぶつかって、足をやっちゃって。事故したおかげで身体は動かないし、食事は与えられたものしか食べられなくて、こういっちゃなんだけど足を犠牲にして過食症が治ったっていうか。そのとき、なぜ、自分は事故に遭ったのだろうと考えました。なんでこうなんだろうって」

自分の事故を占いで検証してみた

「占いは小学校くらいから、最初は西洋占星術。タロットは高校生くらいから。もっ

と勉強しようと思って、占いのルネ・ヴァン・ダール先生の通信教育を受けたりはしてました。自分の事故を西洋占星術で検証してみたら、事故や怪我しやすい星の配置。また事故するのも嫌だし、東洋のほうもみてみようって、カルチャーセンターに行って四柱推命の勉強をして。そこでも事故しやすいっていうのがあって」

――西洋東洋両方の占いで事故の予兆があった

「ちょうど就職氷河期の時代。事故で入院して就職活動もあんまりできない状況だったんです。でも、陶芸作家としてやっていこうと思っていたから、卒業してアルバイトをしながら、作品は作っていました。2年後くらいに大学の先輩が声をかけてくださって、それから高校教員をして。美術の免許ってなかなか需要がないので。そのあとは、ちょうど結婚したので、家のことをしつつ陶芸をやって、違うバイトもしてました」

――占いの仕事をすればいいと言ってくれたのは夫だった

「あたしが占いできるのを主人が知って、『お前そんなに占いができるのになんで職業にしないんだ』って。先生の仕事もすぐは声かからないだろうから、占いができれば足しになるだろう、と。たまたま広告のチラシに電話占い会社の広告が出ていたので面接を受けて、そこから占いの仕事をさせてもらえるようになりました」

特別支援学級の子どもたちはキラキラしている

「一年経ったあとに、養護学校の非常勤の話が来たので、そこではじめて特別支援の仕事をしました。知的障害を持つ子が通う高校で、美術を教えてました。養護学校の高校では、職業訓練をするんですよ。同じことをずっと繰り返すような訓練のひとつとして陶芸があって。そこでも陶芸を教えてました。養護学校にも窯があったので、ああ、陶芸が役に立ったなって」

―それから子どもが生まれ、夫の転勤で千葉に引っ越した。今は特別支援学級で、補助教員をしている

「担任の先生のサポートで、一応公務員なんだけど、パートだから副業ＯＫ。8時から2時半までです。家のこともできるし。前は小学校で、今年から中学校。今のクラスは、子どもが5人に、担任ひとりと、補助教員のわたし」

―子ども5人に、先生2人と、とても手厚い。学習だけでなく、情緒面のサポートもする

「自分が思い通りにやれなくて、暴れ出したりしたら『ちょっとおいで。クールダウ

ンしようか』って、違うところに連れて行ったりとか。支援学級には大変な子もいるけど、純粋な子たちで……人間的に、どういえばいいんだろう……キラキラしてる。ずっとこの子たちに関われたら本当にいいなって、思っています」

人を理解するために占いをはじめた

「昔から人の気持ちが気になっていました。なんでこの人ってこんな風に思うんだろ、人の個性ってどういうもので決められてるんだろうって。人が嫌いなわけじゃなくて、それぞれの個性を知りたい。西洋占星術は人の内面とか性格とかみられるし、タロットはそのときの自分の気持ち、相手の気持ちとかがみえるから、相手を理解するためのツールとして使ってます」

―占いを学んで、いろんな個性があることを知った

「※命式《めいしき》を見ればわかるっていうか。この子は落ち着きがないなって思って、命式を出したら、※偏官《へんかん》ばっかりあったりとか。黙ってられないのは食傷※。そこから、どんな五※行を活かせばどっち方面に向いているかが分かるし、本人の助けになるものを見つけてそこからアプローチができるから」

※命式……生年月日から導き出す四柱推命の鑑定データ
※偏官、食傷……四柱推命で性質を表す用語
※五行……東洋占いの基本の５つの要素

―相性は、東洋占いと西洋占いで、みるところが違う

「たとえば、東洋の四柱推命では、相性って運が上がるか上がらないか、この人といると儲かるかどうか、食べていけるかどうかが重視されていて、逆に西洋占星術だと気持ちが合うか、フィーリングが合うか、行動が合うか、好みが合うかっていう細かいところをみられる。この人と一緒にいて、どうなのかって。ニーズによって使い分けてる。どうしてこの人ってこうなんだろう。こうだから仕方ないよね。この人はこういう個性なんだからこうなるよって理解できるっていうか。この人にはこう出たほうがいいよねとか、これはNGだよねとか。それでもやらかすことはあるんだけど（笑）」

占いで得した実体験

「たとえば結構お金が浮いた話。車の調子が急に悪くなっちゃって。ディーラーに持って行ったら、13～14万かかりますと。もっと安くしてくれるところないかなって、ダウジングで『いい自動車修理工場はどこ』って占ったんです。で、そこに行ってみたらちょうどディーラーの下請けをやってるところで。10年の保証期間が切れてたんだ

けど保証期間内でやりますよって言ってくれて、4〜5万でできた。得した(笑)。『遠くから、どうやってうち見つけました？　どこかの紹介ですか？』って。不審がってましたけど(笑)」

―占いは人生設計を立てるのにも役立つ

「あたし自身の30〜40代は、東洋占術だとあんまり稼げないとき。稼げないときは女性だったら主婦しながらパートで、男性だとなるべく自分を活かせるようなものを選んで。運気がパッとしないときは雇用されてるほうがいいので」

―今、占いの仕事は、夜は自宅で電話鑑定、日曜は占い館で対面鑑定をしている

「主人が料理を作るのが好きな人で、おいしく作ってくれるので。日曜はお願いしますって感じです。主人が占いやってみたらって言ったからにはね(笑)。たくさん占いをすると疲れるけど心地よい疲れですね。やっぱり好きなんでしょうね。特別支援学級教員も続けながら。普通学級の担任にはあまり興味がなくて、どんな子でも手厚くみたい。そのほうが好きだから」

なぜ占いが当たるのか

占い師は、経験的に「占いが当たる」ことを知っています。けれど実は「なぜ当たるのか」という定説はないので、これはわたし自身の仮説です。

まず一般によく言われるのが「占いは統計学だから当たる」説です。占いには確かに、手のしわと体質や性格の関係、各年齢共通の課題や問題点など、蓄積された体験が「おばあちゃんの知恵袋」や「昔からの言い伝え」と似たような「経験知」として磨かれていったという側面があります。けれど、経験知は、経験から一般則を導き出す「帰納法《きのうほう》」なのですが、占いは「天体の動きは地上の運命に影響を与える」という原理原則を個々の事例にあてはめていく「演繹法《えんえきほう》」であり、統計的手法とは全く逆なのです。

わたしが考える「占いが当たる理由」は、占いが「直観」をもっとも有効な形で働かせる方法だからです。つまり、占い結果とは、五感で感じ取れない気持ちや未来の予兆を、直観がとらえたものなのです。インスピレーションを用いるカード占いだけでなく、生年月日から論理的に占う命術も、人相、手相などの相術も、基本的には同様に直観で占っているとわたしは思っています。

直観とは何でしょうか。何万キロもの距離を正確に飛ぶ渡り鳥、洪水を予知する昆虫、地震の前の異常行動など、野生動物が現代科学では解明できない不思議な力を発揮することがあります。

野生動物が本来持っていた、生きるための力。人間の直観はそのなごりです。かつては誰でも持っていたのに、退化してしまった力。おそらく人間は言葉と引き換えに、直観を手放したのです。

人間はもう直観の声が聞こえなくなってしまいました。たまに聞こえても、願望や感情や雑念のノイズが混じって使い物になりません。カードをめくったり、占星術のホロスコープを解読するという占いの手順は、ノイズをよけて、純粋な直観を取り出す方法なのです。

いつか超能力や占いも、科学で解明される日が来るかもしれません。

僧侶占い師

人間関係、仕事による過労での休職など、失敗と挫折の繰り返しで今の私が形成されていると言っても過言ではありません

僧侶占い師 ―― 戸《と》田《だ》照《しょう》徳《とく》

幼い頃から曼荼羅を部屋に飾り、神仏に手を合わせる子どもだった。20代でタロット、その後ペンデュラム等を始める。そのうちに噂が広がり知人、友人に頼まれて占うようになる。刑事時代に病死、自殺、事故死、殺人被害などの死体千体ほどを検視で扱う最中、様々な不思議な体験が続き、気がつくと僧侶以外の道が無くなり僧侶になる。現在は出張祈祷お祓いの他、占いや相談を手掛ける。

占術

宿曜占術、ペンデュラム、数珠占いなど

好きな時間

家族と家でゆっくりとしているとき

好きな言葉

洗心

お寺の生まれではなかった

「狐にだまされて一晩歩いたとか、亡くなったはずのおじいちゃんが畑に立ってたよとか……まだ生きてて仕事してたんだなっていうような話がごく幼い頃から自然にあったので、不思議なことが不思議ではない土地柄です」

―栃木県那須の烏山《からすやま》市山奥、楽器工場経営の兼業農家の家に生まれた

「父方のおじいちゃんが先々代の住職と仲がよくて。母方のおじいちゃんは、へその緒が袈《け》裟《さ》懸《がけ》になって生まれてきて、そういう子はお坊さんになるという伝承があったらしいんですけど、結局ならなくて。その孫の私はどこから引っ張り出してきたのか、真言宗の金剛界《こんごうかい》胎蔵界《たいぞうかい》の曼荼羅を小学校のときから部屋に祀って拝む子で、お坊さんに縁があるね、っていう話をしてたみたいです」

―絵を描くことも好き

「子どものときは漫画ブームだったので、漫画家志望で。『りぼん』（集英社）などに描いていた漫画家の金子《かねこ》節子《せつこ》先生が、友達の親戚で、その方に漫画を見てもらったりもしました。でも柔道と空手とをやっていた関係で、当時の警察署の方に警察を受け

てみないかと言われて」

―警察官になったが、命の危険や超過勤務は当たり前。そして……

「おにぎりを食べている最中先輩に呼ばれ、近所の家のドアを開けると、目の前に死なれた方がぶら下がっていたり。また、あるときは拳銃自殺の現場に呼ばれ、ご遺体を運ぶ際に頭に空いた穴から血がピューッとこぼれ、着ていたスーツが血だらけになったり……そのような毎日でした」

―変死、自殺、銃殺……凄惨な遺体を見ることも、日常茶飯事だった

「強盗、傷害、殺人、そういったものの担当の、強く行くと書いて、『強行』という係にいまして。私は銃とか抜いたことがなくて、素手で行っちゃう人なんで、コンビニに強盗が入ったときは、刺身包丁持ってるのが分かったけど、出す前に押さえて。先に手を出しちゃだめなんです。向こうがかかってきた時点で蹴り倒したら、ポケットから長いナイフが出てきたりとか。暴力団系の方がたくさん銃を持って立てこもった事件もありました。私は普段は女房からは女心の分からない代表みたいに言われてるんですけど、そんなときだけ勘が働いて命拾いして」

霊を感じるようになる

—刑事になってから、近所にあった真言宗のお寺に通うように

「お寺の子どもさんと一緒に礼拝行、１０８回座ったり立ったりして拝む行《ぎょう》と、月輪《がちりん》観《かん》、頭の中で月輪を観想するというのを何年も続けて。多分、勘が鋭くなってきたんでしょうね。ある日、拘置所に入ってる人が、暗い雲みたいなのを被っているように見えたんですけど、当時パソコンを導入したばかりだったので、自分の目がおかしいのかなって。そしたら、翌日その方が亡くなられて」

—また、覆面パトカーの中で休憩していたときのこと

「たとえば河原の林の中とか、わざわざ人に見られないようなところで休んでいるのに、窓ガラスに人がみえて、おかしいなと思ったら、そこがこないだ首を吊られた場所だったり。墓地で休んでいると、やっぱりそういったものがみえて、金縛りです。まだ修行ができていなかったので。そういった状態を『被《かぶ》り』と呼ぶんですけど、被りが来ちゃって」

—そんな中、転勤がきっかけとなって、人生の転機がやってくる

「九星でも方位学でも南はダメっていうときに那須塩原市から宇都宮に転勤になって。家族一緒です。３ＬＤＫの立派な社宅でした。栃木県の一番大きな、忙しい部署の仕事について。ただ同時に親の体調も悪くなって、子どもは自閉症ということが発覚したんですよね。信じてなかったんですけど、方位とかそういうものはバカにするものではない、と」

―20数年続けた刑事の仕事を辞め、転職した障害者施設にも死が身近な人がいた

「この道に来るための修行だなって。本で読んだんですけど、ご遺体を風葬にしていた時代の、お坊さんになるための修行のひとつに、山に行って、遺体を見て、どんなに綺麗な女性でも死んだらこうなるんだよ、っていうのを千体見るというのがあったそうなんですよ。遺体を千体見たときにお坊さんになってるという。それを実際やってたのかなと」

お寺に通うようになって10年目に仏門に入る

「住職から、そろそろ本腰入れてこちらの道に入る方法もあるよと」

―そのためには仕事を辞めて、一年間、京都に修行に行かなければならない。妻もいるし、自閉症

の息子もいる。妻は反対しなかったのか

「退職金というものがございまして（笑）」

―金の問題ではない

「普段は厳しい奥さんなんですけど、そのときは、お坊さんになりなさい、大丈夫、あとはなんとかなるからって。いいことだからやってくださいと」

―妻に送り出されて、京都の寺での修行がはじまった

「テレビもラジオもパソコンもない。外部とのやりとりは手紙。最初行ったときは睡眠時間１時間半くらいで、あとは密教の学術的な勉強も。仏教大学で４年間学ぶくらいのエッセンスを、一年しかないですからぎゅうぎゅう詰め。年齢は40代から、下は18歳。途中で発心（仏門に入る）して入られる方もいらっしゃるから。いろんなところを調べて大丈夫な人だけ入るんですけど。私のときは、２割くらいが心に変調を来して、辞めてます。お経唱えながら、ろれつが回らなくなったり。それだけ肉体的にも精神的にもハードなので。食べるものも質素で、今はこんな大きな身体してますけど、当時は、入った４月に１００キロあった体重が、９月には70キロ、体脂肪も６〜７パーセント落ちました。無駄な脂肪も無駄な筋肉も落としなさいという教えです」

―修行の最後にちょっとした出来事があった

「修行が終わるときに『写ルンです』を奥さんに送ってもらい、みんなを撮ったんです。本山に、不動明王さんをおまつりしてあるんですけど。1100年頃の作品ですかね。撮影禁止って書いてあるんですよ。そこでお不動様を撮った瞬間、ぶわっと閃光放ってはじけまして。撮っていけないのは肖像権の問題だと思っていたら、私のような、ふらちな者が撮影するとカメラが壊れるから撮影禁止だったんだと（笑）」

―その後、この不動明王像をプロカメラマンが撮った写真がカレンダーになった。そういうときは事前にお不動様に、「今から撮影しますから」という意味の筋を通すそうだ

寝ているとき以外すべて修行

「みなさんは普通の生活してても上がっていく……成仏していく人なんですけど、私はこの道でこれだけやらないと上がれないから、坊さんにさせられたのかなと。今は孫悟空の輪を頭につけられた状態で毎日暮らしているようなものなので。行住《ぎょうじゅう》坐《ご》臥《ざ》、食べているときも、トイレにいるときも、それなりの作法があって、もう習慣になってるんですけどね」

―今は真言宗の開祖、空海上人が中国から持ち帰った宿曜経《すくようきょう》による「宿曜占い」※をする

※宿曜占い……月の運行を用いる東洋系の占い

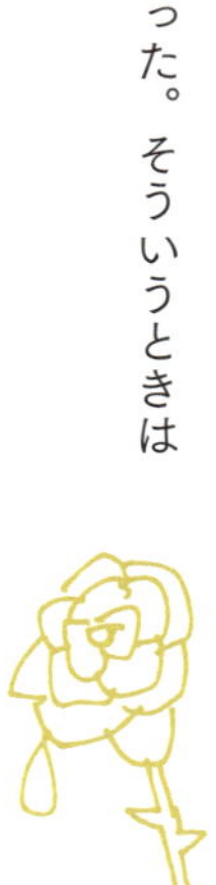

「相談されたらまずは第三者の目線でみます。病気なら病院の先生に紹介して、治療法に納得いかなければセカンドオピニオンを、隣近所の問題なら専門の人を入れるとか。役所にいたためにそういう知識も若干あり、そこはプラスアルファで」

―占いの代金は相談のお布施としていただいている。今のところ、口コミのみ

「おまわりさんで言えば駐在さん。自転車泥棒、近所の夫婦ゲンカ、道案内、そういうことからやっていくのが、今世のお勤めかなと。その中で、手紙を書くときの筆みたいなものが、占い。私の言うことを信じられなくても、占いなら信じられるなら」

―僧侶としての仏法の言葉とともに、占いの言葉も使って、迷える衆生に語りかける

「私のところには、私ならではの相談が来ます。心霊現象、怪奇現象。古い木を切ってもいいかとか、故人が大事にしていた数珠が出てきたとか。お墓相談とかも来ます。家が絶えてしまうんで、どうしたらいいかとか、病気で次々と亡くなっちゃうとか。大体なんとなく、私に答えられるような人しか来ないです」

―それがご縁というものなのだろう

「拙僧のような田舎坊主でも、お役目があれば」

―100キロの身体に、柔和な笑顔を浮かべた

占いの当たる確率

職業占い師としては、あまり言いたくないのですが、けれど、とても大事なことなので、本当のことを言います。わたし自身、これまでいろいろな占いでみてもらってきましたし、占い師としても長年活動してきました。

占いが当たる確率は、とてもよく当たる占い師で8割。占い師全体なら、6割程度でしょう。

普通の占いで、4割は外れるのです。とてもよく当たる占い師でも、2割は外れます。そのくらいは外れるのだと知っていることが、占いと健全に付き合う一番のポイントなのだと思うのです。

当たる確率を知っておくことは、実はとても大事なことと思います。

天気予報は、どのくらい当たるでしょうか。経済評論家の予測の半分くらいは外れるのではないでしょうか。当たる確率が「その程度」と知っているからこそ、天気予報を賢く使うことができるのです。雨の予報なら傘を持って行って、雨が降らなかったら、傘を持ち帰るだけです。

さらに占いの当たる確率は、年月が遠くなるほど、低くなります。考えてみれば当たり前のことですが、遠い先になるほど、さまざまな可能性や選択肢が増えていくわけです。天気予報も、明日の予報が当たる確率より、3ヶ月後の予報のほうがずっと低いのです。よく当たる占い師なら、来週、来月くらいの近い未来ならかなりの確率で当てられるでしょう。けれど、何年も先のこととなると、あくまで、「そうなる可能性が高い」としか分かりません。

占いは「転ばぬ先の杖」または「雨に備えての傘」として使うのが、一番有効な使い方です。よい未来なら「そうなるよう、よりいっそうがんばる」、悪い未来は「そうならないよう、気をつける」のです。

最後にもうひとつ、これもとても大事なことなのですが、よい占いは「当たり外れ」ではありません。占いは単なる未来予測ではなく、過去をたどり、現在を修正し、未来を変えて行く力があるのです。それこそが占いの最大の魅力だと思います。

不動産占い師

婚約していた人に婚約解消されたときは3年くらい凹みました。今思えば、私が相手のことをよくわかっていなかったんです

不動産占い師 ——— 堀田美幸《ほったみゆき》

某不動産会社の事務として働き、主に物件リストの作成、電話での問い合わせの対応などがメインの仕事。宅地建物取引士として、契約にあたり重要事項の説明なども行う。本業のかたわら、占い師として従事。最近はじめたことは己書道《おのれしょどう》。生け花も好きで、月に3回花を配達してもらっている。

占術

ルノルマンカード、数理学、五行易、タロット、西洋占星術

好きな時間

YouTubeを見ながらヨガをしているとき

好きな言葉

心掛けているのは「いつでも楽しく！」

公式サイト——https://www.luna-fortune.net/sp/teller/

とにかく都会に行きたかった

「マイバースディを買って読んでたし、友達と星座の話はしてましたが、自分で占うという感覚はなかったです。鳥取県出身で、自然は豊かなんですが、自然しかない（笑）。楽しいことが田舎にはなくて。出かけて何かを見たり、お稽古事に行ったりっていう選択肢がまるでないんです。都会の方にはイメージできないと思うんですけど、映画に行くにも一日がかりで。しかも映画なんて大イベントで、近所の人たちに『どこそこの家のなんとかちゃんは遊びに行くんだよ』って言われるんです。都会に行きたいっていうそれだけで大阪の大学に入りました」

――大学では仲がいい先輩もできて楽しかったが、残念な占い体験があった

「友達と飲みに行った先で、ちょっとだけ占いができるバーテンさんがいて、占ってもらうみたいな話になって。よくないことを言われた気がするんです。あまり覚えていないんですけどトラウマになってたのかも」

――大学卒業後、大阪で就職した

「たまたま、早くに就職内定が出たので不動産会社に就職して。あれば有利だってい

うので、とりあえず宅建の資格を取りました。でも事務職は全然向いてないんです。最初の頃よく『できない！』って叫んでました。当時付き合っていた人がいて、結婚しようという話になってたんです。でもその人が何を好きなのか分かっていなくて、何か大事にしていたものを、あたしが引越しのときに捨ててしまったりとか、そんなこともあったりして、結局その人のことがよく分からないまま、もう結婚できないって言われて。占いには行かなかったですね。インターネットも普及してなくて検索をするってこともなかったですし」

—それからしばらくして、久しぶりに大学の先輩と電話をした

「大学にいたときから仲はよかったんです。久しぶりの電話で『お互いフリーだし、じゃあ付き合おう』ってなって。ほんとにたまたま。結局その先輩と結婚して、子どもも生まれました」

趣味のひとつとして占いにはまって、それが副業になるまで

「結婚してからはパートを転々としてました。あたし、ものすごくいろいろ趣味には

まるタイプで。ガーデニング、メディカルアロマ、一番はまってたのはジャズダンスですね」

―占いを学びはじめたのは、子どもたちも大きくなりようやく落ち着いてきた頃

「せっかく時間ができて旦那と出かけるようになったのに、好みが全然合わなくて、あんまり面白くないっていうのがあって（笑）。子どもができる前は、あたしが合わせることに不満はなかったんですけど。子どもができるとやることが多くなって、あたしはこういうスケジュールで一日を組み立てたいって思ってるのに、そうならないっていうストレスはありました」

―夫の考えも、行動の意味も全く理解できなかった

「多分、旦那は牡牛座の性質がすごく強くて、だからおいしいものが好きだし、買い物も好きなんだけど、買って不要になったものを手放すのがすごく苦手なんですよ。景色が綺麗なところも好きで見に行こうとか。あたしそんなの全然興味ないのに（笑）。それで占いの本を読んだら、牡牛座はこうって説明があって、だからそんなこと言うんだわって理解できましたね。すべて答を見つけられたので。主婦業、パートをしながら講座に通って、だいぶ占いを勉強したんです」

―趣味を副業にしようと思ったのは

「占い講座も散々行って。お金も散々使っていたんですけど。これ以上発展ないならもう別の趣味にしようかな、占い師になれないんだったら、もう辞めようって思ったんです。そんなとき、占い師募集の話を聞いて『お願いします』って。はじめての占いは、めっちゃ、緊張しました！　お金もらうんだから、ちゃんとみなくちゃって」

―占い館に出るようになって一年半

「すごい勉強になります。みんな、こういうことを知りたいんだなあって。占い以外の本をめちゃめちゃ読みました。恋愛の本も、結婚の本も。実用書も小説も。使える言葉があるとメモっておきます。そういう関連の本をたくさん読んで思ったんですけど、もしかしたら占いの結果が知りたいんじゃなくて、こんな風な考え方もあるよっていうことを聞きたいのかなって。占いっていう名前を借りたカウンセリング的な」

占いを仕事にしたら、見えてきたこと

「限られた時間内で、お客さんが本当は何を知りたいのかなって探るのが一番大変です。ルノルマンカードがなかったら、あたし、占い師になっていないと思うんです。めっちゃ当たります（笑）。この人は本当はどうしたいのかなっていうのが出るんで。別

れたいって言ってもやっぱりまだ好きだとか。それなら別れる前にもうちょっと試してみたらって、あたしは言います。次に西洋占星術で、この人はこういうタイプだから、こんな風なアプローチをしてみると変わるかもしれませんよって。それを試してから別れても遅くないんじゃないですかって伝えますね」

―占いのお客さんに、占いの本を勧めることもある

「短い鑑定時間でぜんぶ伝えるのは難しいので。占いの本を読むといいよってオススメしてます。星占い※では太陽だけじゃなくて、月と、金星とか火星とか入ってる本がいいよって。自分でも迷ったら占ってみますね。この前も、あたしの母親が遊びに来てたんですけど、たまたまその日、旦那が花火に行こうって。でも母親も一緒に行ったら大変かな、たくさん歩かなきゃいけないし。どうしようって引いたタロットが『死（DEATH）』のカードだったんですよ。これ何もしなくても終わりがくるじゃん、なんもせんとこうって。結局、花火大会中止になったんですよ」

―子どもを占うこともある

「子どもの就活ではめちゃくちゃ役に立ちました。あなたはこういうタイプだからこういうことが苦手で、こういうことが得意だよってアピールしたらいいんじゃないって。今はエントリーシートをいっぱい書かなくちゃならないし。自分で自分のことを

※星占い……いわゆる〇〇座占いは、西洋占星術の太陽星座だけの簡略版。本来は惑星すべてと月を使う

掘り起こすんですけど、自分のことってよく分からないし。でもちょっとでも占いの知識があれば、エントリーシートにも具体的に書けると思うんです。たとえば待ち合わせにはいつも早めに行く、きっちりしている乙女座さん。きっちりしてるんだけど、他の人を批判してしまうのは乙女座のマイナス面が出てるんじゃないとか。親という立場とは、また違う目線からアドバイスできるので。子どもも本に書いてあるからと客観的に受け止められるし」

——占いが役に立ったのはそれだけではない

「今勤めている不動産屋は、占いの講座でお友達になった人が誘ってくれたんですよ（笑）」

——とりあえず、宅建を取っておいたこともよかった

「宅建があれば不動産屋に就職できます（笑）」

占いと不動産事務の切り替えは衣装で

「今、不動産事務は週に、2〜3日。占いが週に一回。電話占いもはじめようかなと思っているところです。占いでは、スイッチが入ったみたいになって、ばーっとしゃ

べってるって感じです。不動産の仕事と占いの仕事の切り替えは、多分、着ていく服がちょっと違うので、その段階で意識が違うのかなって。占い館の規定であまりカジュアルになりすぎないようにって決まってるんです。だから、一応綺麗めで明るめの服を選んでます」

—これからも兼業で続けていくつもりだという

「なんとなく毎日占いだけになると楽しくないような気がして。週に1回、2回くらいのほうが、現実から切り離されて、楽しくできるような。そういう気がするんですけどね。真面目に占いに取り組んでいる占い師さんには怒られるかもしれませんけど」

—楽しく役立っているなら、占いの一番いい使い方ができているはず

「はい。毎日楽しいです（笑）」

マイナスからゼロへ、ゼロからプラスへ

占いを受けに来る人は、悩んでいたり困っていたりするから、占ってもらいに来るわけです。人間関係のトラブル、恋人とのケンカ、金銭問題や転職の相談など……何かがうまくいかなかったり、壊れていたり、足りなかったり、マイナスの状態を改善するのが占い師の仕事です。つまり、占いは「マイナスをゼロにする」お手伝いだと言えるでしょう。

けれどそれだけでなく、占いで「ゼロからプラスにする」お手伝いもできるのではないかと考えています。

トラブルがあるわけではないけれど、よりよい人間関係を築きたい、もっと自分に合う仕事をしたい、さらに仲良くしたい、今以上に幸せになりたいと思う人に。そのためにどう行動すればいいのか知りたい人に。自己啓発やコーチングとは違う、占いならではの具体的なアドバイスができるはずなのです。

なかには、「もっともっと！」と欲しがる気持ちを紐解いていったら、実は心の欠落を埋めたいという欲望で、本当は大きなマイナスを抱えていたという場合もあるかもしれません。その場合はそれはそれで、マイナスをゼロにする占いの出番です。

そうではなく、マイナスのない、満たされた状態の人の、もっと幸せになりたいという気持ち。

心理学や福祉保健の分野では「ウェルビーイング＝よりよく」生きることについての研究に注目が集まっています。病気を治すのではなく、健康な人がよりよく生きる方法。マインドフルネス瞑想や呼吸法と同様に、占いも役立ちます。

マイナスからゼロへ、さらにゼロからプラスへ。どちらも「幸せへと向かう歩み」です。このプラスへ向かう方向をさらに強化していくことが、占い自体の認知度を上げていくことにもつながると思うのです。

IT系OL占い師

プライベートでは人見知りで、初見の方と雑談をするのが困難な部分がございます。しかし占い鑑定となると、初対面の方とでも難なくお話ができることに驚いております

IT系OL占い師 ―― 青月《あおつき》マオ

1975年6月生まれ。双子座、B型。東京下町生まれの下町育ち。祖母や母が気学をしていたため日常生活に占いが浸透していた。小・中・高・大と友達を占いはじめ、タロットの的中率に驚き夢中になる。のちに占い師に弟子入り。只今、昼は会社員、夜は占い師の2足のわらじで活動中。

占術

タロットカード、九星気学など

好きな時間

旦那さまや家族と過ごしているとき
眠って夢を見るのが好きなので、何もすることがなければ寝ています

好きな言葉

「死線を越えて我は行く」
賀川豊彦さんの言葉です

物心ついたときから占いが身近にあった

「東京下町生まれです。実家は飲食店をしているのですが、わたしが物心ついた頃から ずっと、母が気学※をしていて……占い師ではないのですが、小さい頃はそれがとても嫌でした。禁止事項があって、例えば週末に新しいお洋服を買ってもらって次の日小学校に着ていこうとすると『日が悪いから着ちゃダメ』。母も祖母も伯母たちも自分で決めないで、ああしなさいこうしなさいと言ってくるのが嫌で」

—小学校1年生くらいからタロットカードを使っていた

「雑誌の付録の。とにかく母親とは違う何かをやりたかったのです。母がやってる気学が占いとは知らなくて、タロット自体も占いとは思っていなくて、何かダメと言われたときに『いや、わたしはいいんだ』と言いたかったのです。学校の文化祭で占ったりしていましたが、占い師になるとは思いませんでした」

—少し人見知りな普通の少女だった。一番好きだったのは、ゲームだ

「もともとすごくオタクでゲームが大好きで。一番はまったゲームは、ファイナルファンタジーXIです。わたしは『盗賊』をやってました(笑)。普段素早く動けないので、ゲー

※気学……暦を使う東洋系の占い（一白水星、二黒土星など）

ムでは素早く。盗賊は盗むとかずるいとかちょっと黒いところがあって」

―真面目な自分と違うキャラクターになれるから楽しい

「大学は美術系で彫金をやっていました。本当はＣＧがやりたかったのですが、すごく人気で入れなくて。電脳アイドルとして活動されていた千葉麗子さんという方がいらっしゃいまして、大学在学中に、彼女の会社でグラフィックデザインの手伝いをさせていただいて、それでいつかゲームを作りたいなと、ＩＴ系に。占いでカードと会話するように、仕事中でも、たとえば『どうしたの？　どこか具合悪い？』って調子の悪いパソコンと話しながら作業をすると、ふっとパソコンが直ったりします」

副業占い師になった個人的な理由

「占い師になったのには理由がありまして。19年前に結婚しまして。当時は大手出版社のＩＴ部門で、雑誌のホームページやサイトを作っていました。大好きで憧れて入った出版の仕事でした。ところが主人に『家族を取るか仕事を取るか』と迫られて、出版社を辞めることになり……というかわたしが辞める選択をして定時の仕事に変わったのですが、正直な話、収入が半分に落ちてしまって。生活できないとなったときに、

夜働かなきゃいけないけれど、そのとき29歳で水商売は主人の了承を得られないなと、わたしに何ができるかと思ったときに出てきたのが、占い師だったんです。朝9時から6時まで会社で、それから占い館に移動して7時から10時まで占いをして」

―ところが夫は結婚前、占いを禁じていたという

「結婚前、付き合っていたとき、わたしたちと、友達カップルと4人で遊んでいて、タロットをすることになって。ちょうど何かあるごとにタロットを引いていた時期で。そうしたら友達の彼氏さんが霊感があるとかで『ちょっと占いやめて』って言われたのです。『あきらかに人格が変わるから』って。本当かうそか分からないのですけれど、占いをはじめると、わたしの頭の上に何か乗っかってるのがみえるんですって。肩に乗ってるのはみたことあるけれど、頭の上に乗っかってるのはみたことなくて、いいとも悪いとも判断できないから、やめたほうがいいと。それで、『占いしちゃダメだ、そんな危ないことはしちゃダメだ』って禁じられて」

―結婚後、家庭を支えるために副業占い師になったのだが、結婚生活は13年で破綻。夫のモラハラに耐えられず幕を閉じた

「何をしても夫の逆鱗に触れてしまい、夫の怒った顔しか思い出せないようになっちゃって。『やりたい仕事を好きなようにやっている姿に嫉妬して、キツイ態度に出

てしまった』って最後に言われました。わたし自身は家庭を守りたくてＩＴも占いも必死だっただけなのに、つらかったですね……ただ、つらかった半面、心のどこかで、ネタになると思う自分もいました。占い根性というか。これで離婚に悩んでいる人の相談が聞ける、と思ってしまいました」

自分では占いはしない

「わたし迷ったときは絶対占いしないんです。答が決まってるから。そこは占いをやってよかったなと思う点ではあるんです。自分で決められるようになる。お客様にもはじめてのときにお話させていただいているのですが、最終的な目標はわたしがいなくても決められるようにお手伝いをすることですと」

―占いに依存させたくない

「練習で自分のことをみていたとき、父親が倒れるカードが出て本当に倒れてしまって、それから自分や身近な人はみないって決めてるんです」

―離婚も再婚も自分で決断した

「今年再婚しました。13歳年下の手堅い公務員です（笑）。決めるまでは、迷います。

すごく考えます。でも、その過程を経ないと、えらそうな言い方ですけれども、お客様にアドバイスできないと思うのです。それに離婚ってどうやってしたらいいんですかと聞かれたときに、こんな書類を持ってきたらいいんですよと言えるので」

タロットから声が聞こえる

「ガラスの仮面じゃないですけれど、何かが降りて来るみたいな。仕事をしているときの自分と、素の自分は人見知りであまりしゃべれないのですけれど、占いしているときは青月マオですし、家にいるときも、会社にいるときもそれぞれに違う、と思います」

―気学も学んだが、メインに使っている占術はタロットだ

「気持ち悪い話なのですが、タロットが何を言ってるのかが、分かるというか、こういうこと言いたいんだなと、ピンとくるというか。コンピューターと会話するのと同様に、タロットと会話するのです」

―それも不思議なことに、分かるのは「自分のカード」だけだ

「占い館で、占い師同士でみることがあるのですが、占ってもらったときに、人の開

いたカードは何ひとつ分からないんです。たとえ同じカードであっても。声が聞こえないというか。ありがたいことに、タロットを教えてほしいとおっしゃってくださるお客様もいらっしゃるのですけれど、教えられないのです。一つひとつのカードの意味は占いの御本を読んでくだされば教えられるのですけれど」

真面目な男性のお客様が多い

—通常、占いのお客は圧倒的に女性が多い

「基本わたしは7対3で男性のお客様が多いのです。男性は本当に真面目です。中でもすごいと思ったのは、ばさっと資料を渡されて、『前回青月先生が話したこと、結果、これからどうしたいかをプレゼンシートにまとめましたので、これを一緒に見ながら、空白にメモ取りますので、よろしくお願いいたします』っておっしゃったお客様がいて。本当にびっくりしました。録音を取るのも男性です。メモは女性ですね」

—男性客が多いのは、共感型ではなく、問題解決型だからかもしれない

「極力共感しすぎないようにしています。相手に入りすぎないようにしているというか、みえるモノもみえなくしてしまうので、できるかぎり俯瞰でみるように、客観的

に。泣くのは友達でもできるから泣いちゃだめと、カウンセリングの師匠に教わりました」

―働くことが好きだから、ダブルワークが合っている

「あとは収入の問題です。かっこいい言い方をすれば、占いに我欲を出したくないのです。欲じゃなく、わたしが純粋にお話を聞けるという状態を濁らせたくないのです」

―IT系の本業は、占いの場でも役立っている

「新しく仕事をしたいという方に対して、ホームページの情報をお話したりとか。中小企業診断士の方と経営者の方をつなげたりとか。ありがたいことに働いているせいか経営者のお客様もすごく多いですし、馬主さんであるとか、裁判のご相談であるとか、普段自分と関わりがないようなお話を聞くことができるので。天職というより、やらせていただいてよかったなと思うのです」

直観はウソをつく

　占いをするすべての方に、頭に入れておいて欲しいことがあります。

　それは、「直観はウソをつく」ということ。

　占いに用いる「直観」は人間が、森で生活する類人猿だった頃からの野生の感覚に根ざしています。生き抜くために、よりよい未来をつかむために、一瞬で判断できる直観が磨かれてきました。

　このような図形を知っているでしょうか？

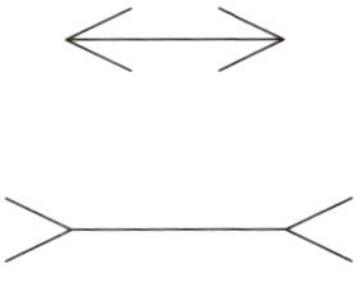

※北岡秋佳による作図

　上が短く、下が長く見えます。けれどそれは錯覚で実はどちらも同じ長さなのです。ここで、下が長く見えるのは、直感的な感覚です。これは、錯視といって、いろいろな形があります。どう見ても、正しいように見えるのに実際は違うのです。こちらが正しいと思う直観は「ウソ」なのです。

　直観＝第六感は、五感と同様に、環境を「知覚」し、危険を避け、繁殖し、生存していくために磨かれてきた、人間にとって大切な能力です。

　けれど、人間という生き物は、本能をコントロールして進化してきました。たとえば、本能が怖がる火を使い、味覚が本能的に危険信号を発する、苦みや酸味にも旨みを見い出し、視覚が効かない暗闇でも活動できるようになりました。もう、五感が伝える情報をそのまま受け取ることはできないのです。ならば、直観が伝えてくる本能的な感覚の解釈の仕方も、変えていかなくてはなりません。

　たとえば直観は、「男にも女にも当てはまらないものは異質だ」と判断します。けれど、今日、LGBT……さまざまな性自認を持つ人たちが生きていける世の中になりつつあります。

　「直観」は、生き物の基本型に従って信号を出しますが、それが現実に適応しなくなってきているのです。

　直観を信じすぎるのは問題です。直観は、もうとっくに受け入れられていない昔の価値観かもしれません。

　占いをするときは、直観に耳を傾けることが大事です。同時に、直観に引きずられず、論理と時代背景をしっかり考える事も大事なのです。解釈方法も時代によって変えていかねばなりません。

精神病院介護士
占い師

お年寄りや心に病を抱えている人たちとのやりとりは、
正直スムーズなものではなかったですが、
占いにも通じる臨機応変なやりとりは
ここで学んだと思っています

精神病院介護士占い師 —— **桂《かつら》けい**

長崎生まれの福岡育ち。現在は愛知県在住。小・中の頃から占いに興味を持つ。大学では法学部に進んだものの就職はせず、卒業後はゲームセンターで働く。接客応対を学んだ後、病院の精神病棟の介護職に。病院勤務中、患者の手相などをみるようになり、以後本格的に占いを学ぶ。鑑定歴は15年。

占術

命(カバラ数秘術)、卦(タロット)、相(手相・人相)など

好きな時間

映画館や図書館にいるとき　スマホが使えない、使いにくい場所がお気に入りです

好きな言葉

宇宙を知ることは、自分を知ること
自分を知ることは、宇宙を知ること

Twitter————@1014Mirrar
占い記事サイト—https://fortune-media.pink/author/kei-tsukimura/

占い本に3度出会った

「ぼくが小学校5年生の頃、デパートの本屋さんで中山雲水《なかやまうんすい》先生の姓名判断の本を買ったんですよ。名前で性格が出るって面白いなと。家族や友達の名前を調べたり、想像をふくらませて、運のいい名前とかモテる名前を書いてみたり。父さん母さんに姓名判断の話をしたら、とりあってもらえず、うるさいの一言で終わってしまいましたね。次は中学校2年生くらいのときに、斉藤啓一《さいとうけいいち》先生の数秘術の本を買いまして。かなり面白かったですね。姓名判断と全く同じ感覚ですよ。生年月日で占えるのは面白いなと」

—3回目の占い本との出会いは、18歳のときだった

「大学に進学する前に、2ヶ月くらい休みがあったんですね。そのとき、父さんが病気で手術のために入院しまして。たまたま病院の売店で、西谷泰人《にしたにやすと》先生の手相占いの本を買ったんですよ。時間があったから、ずーっと繰り返し繰り返し読んだんですね。面白いなあと。でもやっぱり、友達には占いのこととか言えなかったですね。今思えば、言ってもよかったんでしょうけど、口に出せなかった」

ゲームセンター店員のバイトから、精神病院の介護士へ

「大学は法学部です。真面目でした。進路は自分で決めたんですけど。特に夢も目標もなくて。就職を逃して、ゲームセンターで2年勤めて。人見知りとか内向的なところは今でもあるんですが、人が好きなもんですから。ハローワークで、介護士の仕事を見つけました」

―ベッド数50人ほどの精神病院の看護助手に

「信頼関係を築くのに、本当に時間がかかりましたね。メンタル的に過酷というか。とにかく患者さんが怖いんです。お年寄りなのに、すごい馬鹿力を発揮するんですよ。かみつかれたり、引っかかれたり、暴言吐かれたり。突然殴りかかってきたりとか、日常茶飯事でした。意思疎通は、向こうが話す内容をひたすら傾聴するんですね。会話のキャッチボールしているようにみえて、相手が勝手に投げてるボールを受け取るだけなんですね」

―深い闇を抱えた患者もいる

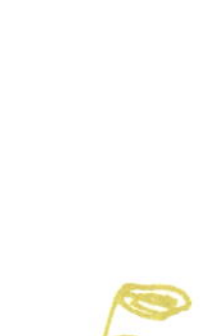

「外見はすごく穏やかそうなおとなしそうなおじいさんなのに、カルテを見ると家族を何人か殺して……それで入ってるんですね。精神衰弱か何かで。終の棲家ではないですけど、入ったらほぼずっと。やりがいを感じるのは難しかったですね、正直。イヤにはなりましたよ。何、この環境って。他への転職考えようと。とりあえずもうちょっとがんばってみようと思ったら一年経って、そしたら辞めにくくなってたという」

―過酷過ぎて、職員はメンタルをやられてどんどん辞めていく

「入ったばかりの頃に、ぼくも精神科を受診したことがあって。そのとき先生に言われたことがですね。あなたは、自分より他人のことを考える人だから。そういう人はあんまりメンタルやられないって。逆に、自分の事に神経使いすぎる……自意識過剰なほうが神経やられてしまうのかもしれません。あとやっぱり辞めていく人って、理想が高いんです。気高い精神を持って入ると、ギャップがあまりにも激しいので。淡々としないと身が持たない。考えすぎてもおかしくなるので。最初の3年くらいは辞めようと思ってましたが、あとは淡々と惰性で続けてましたね」

―救いは、同僚との交流だった

「給与待遇もよくなかったし、今で言えばもろブラックですね。ただ横のつながりはよかった。休みの日は同僚との飲み会ですね。入るまでは友達っていなかったんです

けど、病院に行って交友関係が広がったって感じですね。職場の看護師さんと家族ぐるみでとか、毎月飲み会やって。ぼくは幹事やってることが多かったものですから」

病院に勤めてから、はじめて人を占う

「施設のお祭りの準備中に占いの話が出たんです。手相の知識が残っていたものですから、うろおぼえだったんですが一応みて。それはそれで終わったんですけど。しばらくしたら、いろんな人がみて欲しい、と」

―同僚、患者、たくさんの手をみせてもらった

「本とはずいぶん違ってましたけどね。手をみて、相手の反応をみて、勉強し直しましたね。患者さんには特殊な手相を持つ人もいました。線が細いというか。本には載ってないような線の描かれ方なんですね。現場で実際にみて、かなり鍛えられましたね。環境とか病によって手相も変わるんだなと実感しましたね。全部無料です。お金は取れなかったです。仕事にするとは夢にも思わなかったですね」

―はじめてお金をもらって占ったのはフリーマーケットでのイベント

「友達に誘われて。はじめてやったときはお客さんが０人だったんです。最初からう

まくいったら違っていたかも知れないんですけど。悔しかったし、若干ショックを受けたんですね。で、またやろうと。次はお客さんが10人くらい来たんですよ。お客さんみるの楽しいなと。だんだん毎週イベントが忙しくなってきて。夜勤終わって新幹線でイベントに行ったりとか。新幹線の洗面所の鏡で、身支度して」

—同僚公認の副業だったが、利益はわずかだった

「交通費とか考えるとほぼ採算はとれていなかったですね。福岡と北九州を行ったり来たりしてましたね。占術は数秘と手相。名前もみたり。病院の仕事も淡々と続けながら。占い師は第三者だから、より淡々としてましたね」

—それでもお客さんの笑顔は嬉しい

「貴重な時間とお金を出してくれて、なんかしらのプラスアルファで帰って欲しいなというのは昔も今も思ってますね」

自分の事には重きをおかない

「失恋とか、つらい経験、山ほどあります。思う通りいくほうがめずらしいですよ。そういう経験しておかなければ、占いの仕事はできないって思うんですよ。失恋したときは部屋に引きこもったりとかしました。誰かに聞いてもらうのが苦手で。自分のことはあまり重きをおかないですね」

―一度、人に占ってもらったことがある

「おばさんの占い師だったんですけど。占ってもらっているうちに、気づいたら、おばさんのお子さんについての悩み相談を聞いてたんですよ（笑）。相談されやすいタイプなのかも。患者さんにも名前を呼ばれることが多かったんですよ。寝たきりの人でも、ぼくの名前を覚えていて。ぼくは、ずーっと前からいるから声かけやすいって。忙しいからって無視せず、そのとき対応できなくても、あとからでもちゃんと約束果たしてくれるからって」

―望んで入ったわけではないが、介護士は適職だった

「これは持論なんですけど。自分から望んだ道っていうのは、理想と現実のギャップ

があるから続かないのかもしれないなと。選ばないほうが、受け身とか、なんとなくのほうが、意外と理想とか抱えてないから続くのかもと」

回り道ではなかった、精神病院介護士の10年

―勤めて10年目に精神病院を辞めて占い一本に

「心配も悩みもいまだにありますよ。でも方向はひとつしかないですから。迷いはないですね。選択肢が多いほうが悩みの種になるんだと思います。他がないと思えば、やっていくしかないから。でも副業の期間がなかったら、仮に占いの仕事しても浅かったと思うんですよ。自分の価値感を押しつけてたかなと」

―今は愛知県にいて、占い館にも出ている

「自己主張が激しいのは好きじゃないですね。『オレ様的』なものが体質的に合わないんですよね。占いではフラットな感じは大切にしていますね。こういう、うさんくさい職種だから大事なのかなって。偏見もありますし。うちの父さん母さんも占いは好きじゃなかったんですけど。仕事としてやっていくようになったら変わりましたよね。『手相みて』とか言ってきます（笑）。もちろん、みてあげますよ」

占い師になるには

本書を読んで、「占い師になろうかな」と思った方もいるでしょう。占い師には資格も試験もないので、年齢性別経歴一切関係なしに、誰でもなることができます。まずは最初のステップ1・2・3をご紹介しましょう。

ステップ1・占いについて知る

大きく、命・卜・相、さらに西洋系・東洋系と分けられます。命は、生年月日から運勢を占うもので、西洋系の西洋占星術、数秘術など、東洋系の四柱推命、九星気学、算命学、紫微斗数占い、インド占星術、宿曜占いなど。卜は偶然を使って占うもので、西洋系ではタロットやルノルマンやトランプなどのカード占い、ルーン、ジオマンシー、ビブリオマンシー、東洋系では周易《しゅうえき》、断易《だんえき》、六《りく》壬神《じんしん》課《か》、おみくじなど。相は形で占うもので西洋東洋の手相、人相、墓相、風水、姓名判断や水晶占いなど。それ以外に夢占いなどがあります。

ステップ2・占いについて学ぶ

まずはインターネットで検索し、占いの本や講座を調べます。占いの奥義はネットには載っていないので、専門書を取り寄せて学びます。占いの道具や占い用の暦も、ネットで購入することができます。占いの講座で学ぶこともできます。ただし占い師には公的な資格はないので、講座を受講して得られる資格や免状は、気休めでしかありません。

ステップ3・占いをしてみる

まずは家族や友人など身の回りの人を占ってみましょう。頼まれていないのに勝手に占い結果を告げてはいけません。占いの押し売りは禁忌です。ネットでお客を募集するなら、自分のスキルを有料で売り買いできるサイト（ココナラなど）があります。また、占い館に所属するには占いの試験があります。

ステップ3で有料占いをすれば、一応は「占い師」なのですが、それだけではただの「自称占い師」に過ぎません。誰もが認める「本物の占い師」になるには地道に実績を積んでいくのみです。

ホステス占い師

お世辞にも美しい人生を歩めず、
何も成し遂げられずに生きて、
心を病んだこともあります

ホステス占い師

柊里《しゅり》

ある占い師に人生の大きな転機をあてられ、その後何気なく立ち寄った書店で占いの書籍を購入。以後占いの勉強に励む。現在は、ホステス・占い師の他、女性向けメディアや占い系ライターとして活動。HPではお悩み相談も受け付けている。将来、ホステスとして小さな店舗を構えることを目指して奮闘中。現在鑑定は紹介とネット依頼のみ受付。

占術

ルノルマンカード

好きな時間

大切な人たちと話す時間

好きな言葉

運がよくなりたければ、
微笑んでいれば良い
人に優しくすれば良い
思いやりと優しさで運は開ける

美輪明宏さんの言葉です

公式サイト — http://www.shuri-cestlavie.com/
Twitter —— @Shuri_cestlavie

つらかった子ども時代、人生のどん底を経ての自立

「母は家を飛び出して、ひとりで私を産んでるんですよね。なので、父はいなくて。小学校のときはイジメも受けてましたね。友達はいなかったです。しかもその当時、母の彼氏が家にいて、その人に殴られたりとかもしてて。家に帰りたくなくて、門限ギリギリまで路地裏でひとりで座ってましたね。追い詰められてるときって、それが当たり前になってしまっていて自分が不幸とは思わないんですね。友達と遊ぶようになって、友達の家庭環境とかを聞くようになってはじめて『うちのお母ちゃんおかしい』、『なんで私が殴られてんのに、彼氏と別れてくれへんのやろう』って思うようになって。幸せを知って、はじめて不幸を感じるんですね」

――高校生のとき、はじめてタロットで占ってもらった

「友人が『うちのおかん、占いできるで』って。興味本位で行ったんですけど。本当に当たってました。当時、誰にも言ってなかったんですけどお付き合いしてる人が2人いて、ひとりのことだけを占ってもらってるのに『もうひとりいる？ 迷ってます？』って。確かにそのときすごく迷ってたんです。『え、こわ！』って。それがずっ

と忘れられなくて。で、こっちの彼と結婚するんじゃないかなって言われていた人と、実際に19歳のときに結婚したんです」

―結婚後、ルノルマンカード占いと出会った

「友達がルノルマン占いっていうのをやってるって言ってて。人間関係をちょっとみてもらったんですけど。『引越しする予定ある?』って聞かれて『いや全くない』って。そしたら、その3ヵ月後に急に引越すことになって……人生の節目の大きなことばかりを当てられたんですね」

―実は結婚後、心を病んでしまっていた

「主人は、私とは正反対の家庭環境の人だったんですね。両親そろってて、親戚みんな仲よくて。私の感覚は彼には分からないんですよね。つらい過去を思い出して『私の人生なんなん』みたいな。人生どん底でした。結婚したら幸せになれるって甘い考えだったんですね。周りにはちゃんと友達もいたし、ちゃんとみんなに思っていただいてたんですけど、見えなくなっていたんでしょうね。外にも出れないくらい、毎日、毎日悩み続けて」

―そしてある日突然悟る

「突然ぷつっと。あれっと思って。『めっちゃ悩んでるけど、友達おるしなあ』って。『私

より不幸な人でもちゃんと笑って生きてるしなぁ』って思ったときに、笑って生きようとするかどうかなんじゃないかなって。過去に囚われ続けて、今この瞬間自分の持ってるものに感謝できなかったら、一生不幸なままやって気づきました」

—そして、離婚を決断

「人に寄りかかろうとして結婚したんだと思うんですけど。人に幸せにしてもらえるっていうお客様感覚を、私は一度なくさなあかんって思って離婚しましたね。自立したかったんですね。主人とは今は友達として仲良くやってます」

全部つながって、人生プランが決まった瞬間

「離婚後もホステスはしてたんですけど、社会的に見たとき、私、死んでるなって思ったんですよ。大学も途中で辞めてしまったし。なにか資格を持ってるわけでもないし。水商売って履歴書に書けないし」

—そんなときふと手に取ったのが、占いの本だった

「鏡リュウジ先生の『秘密のルノルマン・オラクル』（夜間飛行）を買ってました。でも占いはすごく勉強が必要で、一生勉強し続けないとムリだなって。今すぐ占いだ

けで食べていこうとして日銭を稼ぐようなやり方をしたら、自分の知識や技量を超えたことをしないといけないなって。だったら占いは副業でやりながら、ずっと勉強し続けて、40代、50代になってホステスとしての賞味期限が来て、ホステスがダメになった頃、占い師として貫禄が出たらいいんじゃないかっていう人生プランを決めましたね」

――その瞬間、全部がつながった

「いろんなお客様のお話を聞くホステスの経験も占い師に大事だし、占いもホステスに活かせるし。『ああ、私の人生、今からはじまった』って思いましたね」

ホステスと占いの仕事、似ているところと違うところ

「お店で占わせていただくこともありますけど、お客様からの紹介でやってますね。経営者の方って占い好きなんですよね。社長さんが社員の方を紹介してくださったりとか。芋づる式に広がっていく感じですね。占いとホステスの仕事で似ているところは、お客様との距離感ですね。この人に話を聞いてもらいたい、相談してみたいって思ってもらえる存在にならないといけないんですが、決して依存されてはいけないん

ですね。四六時中『今何してんのやろ』っていうような距離感で関わってしまうと、逆に傷つけてしまうので。優しく寄りそうのと、依存するのとは違うって、ホステスで痛い目を見て学んでいたので」

―占いは、相手を想像する助けにもなる

「普通は相手の気持ちを考えても、たとえば『今、お母様が病気で倒れてるからそれでピリピリしているのかも』なんて思わないけど、占いでそう出たら、『そういえばちょっと前にお母さんが元気ないって言ってはったなあ』って、想像が働くじゃないですか」

―ホステスの仕事に必要な才能とは

「人に興味を持つことじゃないですかね。お客様って自分が好かれているかどうか心で感じるので。『おれ京都行ってきてんけどさ』っていうときに、『ふう〜ん』って言われるより、『いいなあ、京都のどこに行ってきたん』って興味持ってもらえたら嬉しいですよね」

―そして、自分がどんな風にお客に接するかで、お客の質も変わってくる

「たとえばイヤな言い方なんですけど、すぐにやらせてもらえると思って寄ってくるようなお客様が多いときって、自分がそういう流れを作ってしまっているんですね。

お客様の質っていうのは、自身の接客の質なんですよね。そういう意味では、お客様を育てるのもまた自分。占い師も多分似てますね」

やっぱり人間が好き

「どん底に落ちてたときは、『あの人は本当はどう思ってんの。みんな結局裏切るんじゃないの』って、人のせいにばっかりしてて。でなければ逆に自分を責めて『もう私ほんまにあかん、いっつも周りに迷惑掛けてる』って悲劇のヒロインになったと思ったら、『私こんなにがんばって、こんなにみんなのこと思ってるのに、周りはなんなん』ってなったり。そこを、もうちょっと現実的に見るようにしました。『自分もたいがい悪いとこもあるけど、周りも我慢してくれてるよ』とか。『まあまあがんばってるやん』みたいな。『だって、昨日出きひんかったキッチンの掃除、今日できたやん』って。自分も人も許せとまでは言わないんですけど、『許してやったらどうや？』みたいな（笑）」

―今人生のどん底にいる人に

「多分ね、今は何言っても受け入れられないと思うんですよ。私もそうでしたし、悩

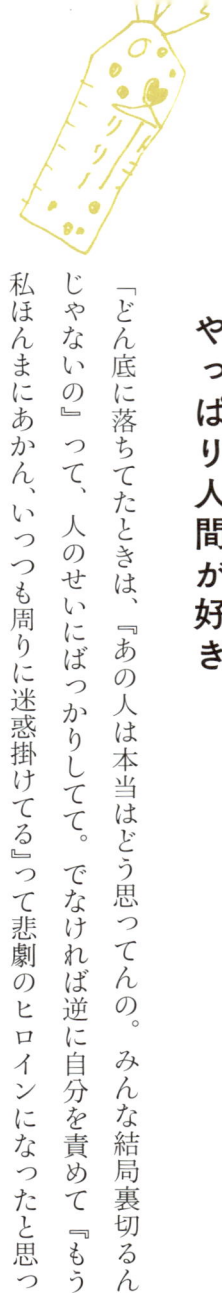

んでることしか見えないし、全部きれいごとにしか見えないんです。『明けない夜はないよ』とか『笑いごとになるよ』とか。笑いごとじゃないし！　ってなってしまう。本当に。明けない夜はないって、元気な人の言葉なんですよ。どん底にいる人には太陽があることが分からないんですよ……だから。とにかく生きるだけでいい。生きてるだけで偉いし。今日も生きてるっていうそれだけで、自分をほめてあげて欲しい。生きてたら、なんか状況変わるから。本当にこのくらいのレベル。今日も生きてる。えらいよって思います」

—ささやくような声が心に染みる

「あたりまえのことってね、大人になるとほめてもらえなくなるんですよね。でも普通ってすごい大変なので。生きてるだけでも。自分をほめてあげてほしいなって」

—自分に優しくなれたら、人にも優しくなれる

「今、母も別のお店で、こじんまりとホステスの仕事をしてますね。私も、親に過度な期待を寄せてたんですね。聖人君子じゃないのに。シングルマザーなのに、ちゃんと子どもを死なせないようにご飯食べさせて学校行かせただけでも、えらいよって、思いますよ。人間だから。母も（笑）」

12星座別、あなたが占い師になったら

牡羊座
辛口占い師

牡羊座は、人生を自分の力で切り開いていく人です。ものごとを自分で決められずに、占いに決めてもらおうという他力本願なお客さんには、ついつい「あんた！　自分の人生なんだよ！しっかりしなさいよ！」と説教口調になってしまうでしょう。占いでもズバズバ本当のことを言います。けれど、苦境でもくじけずがんばっている人に対しては、どこまでも面倒をみてあげようとします。実は涙もろい人情家で、とことん面倒見がいいのです。生ぬるいはげましや、その場限りの甘い言葉は、お客さんのためにならないという信念があるからこその、辛口鑑定。そんな人柄に惹かれて、怒って欲しいというお客さんがリピーターになるでしょう。

牡牛座
ヒーリング系占い師

牡牛座は、優れた五感の持ち主です。占いの場でも、味覚や音、体の感覚として答が降りてくることも多いでしょう。最初はその感覚をなかなか言葉にすることが難しくて、自分には占い師の適性があるか迷い悩むこともあるかもしれません。それでも地道に続けていくと、ただ占い結果を告げるだけでなく、自分自身を実験台として、カラーセラピーの視覚、音叉やシンギングボールなどの聴覚、アロマの嗅覚、ボディワークや手技の触覚、薬膳の味覚など、さまざまな五感を使って、開運やヒーリングを得意とする占い師になっていくでしょう。牡牛座占い師は、占い結果をただ知るだけではなく、どうやって現実に活かしていくかが大事だと考えるのです。

双子座
友達系占い師

双子座はトーク力が高いので、老若男女どんなお客さんにも親しみを持ってもらえる、友達系占い師となるでしょう。対面占い鑑定に必要なのは、1に接客力、2にトーク力で、3でようやく占い力。占い師とは接客業なのです。双子座の鑑定は、決して上から目線ではなく、卑屈でもなく、悩み相談を聞いてくれる親友のように、対等な立場からのアドバイスなのです。双子座が占い師を目指すなら、無料やワンコインで占うなどして、どんどん実践経験を積むといいでしょう。さらに好奇心旺盛な双子座は、新しい占いや占い業界の流行にも敏感です。注目の占いを積極的に学んで自分のものとして、常に話題の中心にいる人気占い師となるでしょう。

蟹座
オカン系占い師

世話好きな蟹座は、お母さんのように親身にお客さんの相談を聞いてくれる、オカン系占い師になりそうです。占い師に相談する人の中には、とにかく話を聞いて欲しい、さびしい、という人も少なからずいます。そんなお客さんには理路整然としたアドバイスは心に響きませんが、蟹座占い師の「あんた、よくがんばってきたね」という一言で涙腺崩壊してしまうのです。さらに蟹座は感情を読み取る力が高いので、オカンの前では隠し事ができないのと同様に、お客さんが隠している本音もすっかりお見通しです。相談事がなくても元気をもらいに、蟹座占い師に会いに行きたくなります。蟹座占い師は、みんなを温かく大きな心で受け入れてくれるのです。

獅子座
カリスマ系占い師

何をしていても、独自の存在感を放つのが獅子座です。占い師になると決めたらまず、衣装やメイク、小道具にも凝るはず。獅子座占い師の鑑定には、他の占い師にはない空気感とカタルシスがあり、忘れられない体験となるでしょう。鑑定の雰囲気作りや、非日常を演出するのもお客さんのためなのです。獅子座の手にかかれば、占いは感動のエンターテイメントになります。お客さんを楽しませる演出がうまいのです。自分のキャラクターをよく知っているのも獅子座の強みです。人を魅了するトークができるので、講師や講演の依頼もありそうです。取り巻きやファンの後押しもあって、いずれはテレビやマスコミが活躍の場となるでしょう。

乙女座
優しく親身な占い師

乙女座は、奉仕することに喜びを感じられる人です。悩める人々を救う占い師という仕事に、大きなやりがいを感じることができるでしょう。占いだけでなく、お客さんに対する気配りと丁寧な対応も好評です。さながら、心と精神をケアする、白衣の天使。生きにくい現代のような時代にこそ、求められる存在です。さらに乙女座は真面目な勉強家である点も高ポイント。ロジックをしっかり勉強して占う命術に適性があります。感覚や雰囲気で占うのではなく、きちんとした理論的な裏付けのある鑑定がお客さんにも好評です。年月を重ねて、実占例が増えることで、より精緻に具体的に当たるようになり、口コミでお客がどんどん増えていくでしょう。

天秤座

タレント系占い師

持ち前の魅力とキャラクターを生かして、天秤座はタレント占い師になれる人です。タレントとして一番大事なポイントは、何にも片寄らないバランス感覚と、公平な視点を持っている点です。時代の空気を代弁するコメンテーターとして適役です。流行にも敏感ですから、今を語れるコラムニストとしても活躍できそうです。美的感覚が鋭いので、美人占い師、イケメン占い師としても人気を集めそうです。愛嬌ある人柄は、老若男女、幅広い年代から好かれるでしょう。プロデューサー的な才能もあるので、占いイベントの立ち上げに関わることもありそう。これまで陰に隠れがちだった占い師という職業を、表舞台に引き上げる存在となるかもしれません。

蠍座

神秘的占い師

もともとミステリアスな雰囲気がある蠍座。占い師になったら、神秘的なオーラのある占い師となるでしょう。今はSNSも発達し、日常のこまごまとした情報発信がしやすくなっています。けれど、蠍座の場合はあえて情報発信は少なめにして、謎めいた感じを残しておくほうがよさそうです。顔を見せない覆面占い師もアリでしょう。蠍座占い師は、見た目が神秘的なだけでなく、中身もガチでミステリアスです。どんな分野にいても、蠍座は妥協を許さない人。占いの世界は奥深く、果てがありません。自らを実験台として、人生のすべてを賭けて占いに取り組み、やがて唯一無二の占い師となるでしょう。蠍座の存在そのものが、神秘なのです。

射手座

パフォーマンス占い師

スケールが大きな射手座。パフォーマンスで、多くの人の注目を集める占い師になれるでしょう。ある日突然思い立って、楽器や武具や家電など、変わった道具を占いに使ったり、占いと祈りや聖別の儀式を組み合わせたり、舞台で占いをしたり、ほかにないオリジナルな占いをすることになるかもしれません。とはいえ、ただの見た目重視ではありません。射手座はそもそも、大いなる力を直接受け取るシャーマン体質なのです。前世でも歌い踊りながら神の啓示を受け取っていたかもしれないのです。自分の力に目覚めた射手座の占いは、一度見たら忘れられない強いインパクトがあるでしょう。射手座にとって占いとは、魂のパフォーマンスなのです。

山羊座
占いサロン経営者

山羊座は実務家です。占い師になるとしたら、いずれは自分の店を持ち、占いサロン経営者となることを考えるでしょう。何年も先のことまで考えて、資格を取ったり勉強したり、資金を貯めたり、地道な準備を怠りません。占いでは、ふわふわとした恋愛相談より、ビジネス占いが得意なので、企業コンサルタント的な内容が多くなりそうです。山羊座自身が敏腕占い師であるとともに、堅実な経営者でもあるのです。鑑定も具体的でなにより説得力があります。膨大な過去データを元にした占いは、経営者や実業家にも好評で口コミで人気が広がります。信頼と実績第一の山羊座占い師は、占い師の地位向上にも大いに貢献してくれるはずです。

水瓶座
占い研究者

知的好奇心が強く、凝り性の水瓶座。占いで困っている人を助けることよりも、占いというシステムに強い興味を持ちます。習得が難しいとされる占いほど、やる気がわいてきます。専門書を何冊も読みこなし、最新情報をネットで集め、ほかの占い師達と情報交換し、いつのまにか占い研究者的な立ち位置にいるでしょう。占いの最先端をぜひ教えて欲しいと、講師の依頼もあるはずです。分かりやすく面白い占いの授業が評判になり、生徒が殺到するでしょう。占って欲しいという依頼も増えますが、水瓶座占い師自身は、自分は研究者であるという意識が強いため、占い鑑定にはあまり興味を持たないかも。欲がないところがまた魅力なのです。

魚座
癒やし系占い師

困っている人を放っておけない魚座は、癒やし系占い師となるでしょう。助けを求めて魚座占い師のもとを訪れたお客さんは、あたたかく優しい占いにはげまされて、笑顔になって帰っていきます。占ってもらうだけで元気になれると、評判になるでしょう。魚座は、人の気持ちに同調し共感する力に秀でています。人の気持ちを占うとき、神がかり的な力を発揮するでしょう。自分でもよく分からないまま、ズバリ当てていたりします。魚座占い師にとって、当てる当てないよりも、目の前のその人の力になれるかどうかが大事なのです。占いというツールを使って、苦しむ人の力になれることが、魚座占い師にとってなによりも代えがたい大きな喜びなのです。

あとがき

児童文学作家占い師

子どもの頃、吟遊詩人になりたいと思っていました。でなければ画家になりたいと、ノートに詩や絵を書き溜めていました。古代文明や占いや不思議、超常現象、宇宙も好きだったので、遺跡を発掘する人や、学者、宇宙飛行士にも憧れました。誰でもない何かになりたくて、おそらくは何にもなりたくなかったのでしょう。少なくとも、仕事というものが何なのか少しも分かっていなかったのでした。

人間関係のこじれから不登校になり、高校を中退。小説を書いたり、同人誌を作ったり一年ほどふらふらしていましたが、17歳で東京に出て派遣事務員になりました。東京に来てすぐ魔術系タロットのトートタロットを買って、本格的に占いの勉強をはじめます。ただその頃は自分が占い師になれるなどとは思っていなかったので、やっぱりデザイナーになろうと専門学校に行くのですが、またもや途中で中退。19歳で結婚して、子育てをしながら、工場や倉庫などでアルバイトをしました。どこで何をして働いていても、これが自分の仕事だ、とは思えませんでした。わたしがするべき仕事はほかにあると、なぜか固く思っていました。自分には才能がある……小説か絵か占いか、何かは分からないけれど、それはまだ目覚めていない……と、本気で思う、かなりのイタい人間でした。

自分にどんな才能があるか占ってもらったときに、一番適性が高かったのが、「占い師」でした。20代中頃に電話占い師募集広告を見つけて、ドキドキしながら応募して、採用となりました。まだ子どもも幼かったので、家で電話占い師をしながら、イラストを描いては出版社や企業に持ち込みをしていました。雑誌のイラストを描かせていただいたことも、東京都美術館に絵を飾っていただいたこともあります。それでもイラストの仕事の収入は、副業とも言えないレベルでした。

転機になったのは、26歳頃、400枚ほどの長編小説を書き上げたことでした。それからは職業作家になるのだと目標を定め、長い投稿生活がはじまりました。30歳のとき、ＳＦとファンタジーの公募、小松左京賞に努力賞入選したのですが、入選作は本にはなりませんでした。けれどそのたった一度の入選経験が、あとほんのちょっとで作家になれるという証明のように思えて、あきらめられなくなりました。

公募に出して落ちて、出して落ちて、出して落ちて……を繰り返していた30代の頃、ずっとわたしの原稿を読んでくれていたのは、実家の父でした。あまりにも落選が続くので、ある日、わたしは電話で父に愚痴りました。

「書くのは好きだし楽しいけど、あまりにも本にならなくて辛い」
「楽しく好き勝手に書いたものに、どうして他人がお金を払わなくちゃならないの？」
いつも応援してくれていた父からの辛辣な言葉に、鈍器で殴られたような衝撃を受けました。父の言う通りだったからです。わたしは、自分が好きなことをしていただけだったのです。もちろん、好きなことがお金になるという人も世の中には存在します。けれど、それは、天才画家、発明家、アーティストなど……神に選ばれた幸運な人々だけに与えられる奇跡であり、わたしは、神に選ばれた人間ではなかったのだと、30歳すぎて思い知ったのでした。長すぎる「自分探し」で、「モラトリアム」で、「中二病」でした。

それから、書く内容が少し変わったような気がします。読んでくれる人のために書きたい、その人をはげましたい、喜ばせたい、何かしらの助けになりたい、そのために書くのだと意識するようになったのです。結局、入選してから単行本を出すまで、14年かかりました。

そして、並行して続けていた占いの仕事も、ただ占いが好きだからするのではなく、占いを必要としている人に応えたいと思うようになっていました。知り合い経由で占いの原稿を書かせていただけるようになり、占いを教えて欲しいという要望にお応えして講師をするようになり、占いイベントにもお声かけいただけるようになり、占いの仕事の場が少しずつ広がっていきました。

仕事というのは、好きなことを好きなようにすることではなく、誰かに必要とされることをして、対価としてお金をもらうことです。昔わたしがなりたいと思ったのは、「ただ自分の好きなことをする人」でした。

本当は、霞を食べて生きていきたかったのです。でもそれはできなかったので、周りに多大な迷惑をかけながら、ようやく長い自分探しを卒業し、いまだに、少しイタい人として生きています。こんなどうしようもない、何者にもなれない人間でもしぶとく、生きています。せめて残りの人生は、これまでいただいたご恩をお返ししながら、続けられる限り、依頼がある限り、お応えしていきたいと思っています。

18人の副業占い師さんたちの人生を聞き終えて、自分の人生を振り返ってみました。

この本を読んでくださっているあなたの人生の話も、いつか聞かせて欲しいです。

インタビューに応じてくださった18人の副業占い師さん。それに先だってアンケートに答えてくださったたくさんの占い師の方々。そして、心震える、エモいイラストを描いてくださった不吉霊二さん。心より感謝いたします。本当にありがとうございました。

２０１９年秋　異界への扉が開くという、ハロウィンの日に

高橋桐矢

thank you!!!!
不吉霊二

高橋桐矢（たかはしきりや）

占い師兼作家。1967年福島県生まれ。高校中退後、上京。タロット、西洋占星術、ルノルマンカード、ジオマンシー等の占いを独学で習得する。2000年、小松左京賞に努力賞入選し、小説家としての活動を始める。著書に『占い師入門』『占い師のオシゴト』『実践ルノルマンカード入門』『ジオマンシー占い』『イジメサバイバル』シリーズなど。 イジメ対策サイト「イジメサバイバル」の運営に関わる。心理学検定一級。日本児童文学者協会会員。

不吉霊二（ふきつれいじ）

1997年、広島県生まれ。早稲田大学在学中。著書に『ぜ〜んぶ！不吉霊二』（自費出版）。リイド社トーチwebで『あばよ〜ベイビーイッツユー〜』を連載。2020年1月末に単行本発売予定。

副業占い師ブギ

普通のわたしが普通でいられなくなった日

2019年12月21日　初版第1刷発行

文
高橋桐矢

絵
不吉霊二

デザイン
阿部美樹子

協力
小林美和子

編集
甲斐菜摘

発行者
安在美佐緒

発行所
雷鳥社

〒167-0043
東京都杉並区上荻2-4-12
TEL　03-5303-9766
FAX　03-5303-9567
HP　http://www.raichosha.co.jp
E-mail　info@raichosha.co.jp

郵便振替
00110-9-97086

印刷・製本
シナノ印刷株式会社

ISBN 978-4-8441-3763-4 C0011